徹底検証
日清・日露戦争

半藤一利　秦 郁彦　原 剛
松本健一　戸高一成

文春新書
828

初めにひと言

半藤一利

二〇〇九年（平成二十一年）の秋も深いころ、文藝春秋臨時増刊『「坂の上の雲」と司馬遼太郎』のために、二日間にわたる長い座談会を行った。十一月に刊行された雑誌には、残念なことに半分以上もカットされて掲載となったのであるが、「文春新書」編集部がもったいないからと、その座談会の記録すべてを、あらためて速記から活かして一冊にするという企画をたてた。

老骨の私などは何をしゃべったやらすっかり忘れてしまっていた。まとめられたものを読み直して、なるほど、もういっぺん世に問うだけの価値がある座談会であったな、とあらためて喜ばしく思った。座を同じくした秦郁彦氏は日本近現代史の人も知る大家、原剛氏は防衛庁戦史部に長くあって軍事史研究をつづけてきた専門家、松本健一氏はだれもが脱帽する日本近代政治史の泰斗、そしていちばん若い戸髙一成氏はその歴史と人を語らせては他の追随を許さぬ海軍研究家、と、隙のない完璧の布陣であったから、これで面白くならないはずはない。いささか我田引水なれど、堂々と胸を張ってそういうことができる。

想い起こしてみると、人の話を聞きながら、あるいは自ら喋りながら、じっくりと考えることができた。国家予算でいえば十倍、常備兵力でいえば十五倍の超大国の帝政ロシアを敵として、防衛戦争をどう戦ったのか。ときに意見は衝突したが、むしろそれは楽しかった。話しながら考えることのできる座談会というのは貴重であった。

よく知られる日本海海戦の圧勝は、東洋の奇蹟とされ、西欧の新聞各紙はこの海戦の意義についていっせいに論評を加えた。

「日本の勝利は二十世紀のうちに文明の流れがまったく変ることを予報しているものであるかもしれない」(ニューヨーク・サン紙)

「太平洋に出現したこの大海軍国は、今後、列強の勢力関係に大きい動揺を生じさせることになるだろう」(レパブリック・フランセーズ紙)

すなわち、各紙は日本の勝利を西欧帝国主義への見事なアジアの復讐のはじまりとみたのである。同時に、これからの日本はきっとそのアジアの盟主たらんと尊大な国家となるであろう、と日本の進路を鋭くかぎわけていたのである。

読者はそうした観点、つまり本書が語る歴史の延長線上にまで思いをいたし、われわれの昭和という時代があるという見方でこの本を読んでほしいと思う。

徹底検証　日清・日露戦争

目次

初めにひと言　3　半藤一利

第一章　国民戦争としての日清戦争　11

誰が開戦を望んだか／日清戦争の大義
〝陸軍の至宝〟川上操六の作戦計画／敗走する清国軍
ヒーローは名もなき一兵卒／豊島沖の海戦と高陞号事件
山県有朋、大山巌が前線に立つ／制海権を賭けた黄海海戦
煮え切らない伊東祐亨と猪突猛進型の樺山資紀
あっさり落ちた旅順要塞／旅順大虐殺の真相／兵站補給の軽視
海軍少尉・秋山真之／丁汝昌の最期／魚雷開発に力を注いだ日本海軍
清国敗戦の理由／賠償金は得たけれど

第二章　日露開戦への道　57

日英同盟は必然だった／外交、諜報、戦費の調達
「恐露病」の伊藤と主戦論者たち／海軍の独立

「運のよい男」東郷平八郎／五回にわたる御前会議

第三章　鴨緑江の戦いから黄海海戦へ　83

始まりは、旅順港への奇襲／不完全な閉塞作戦
広瀬武夫の戦死と七生報国／上陸後の基本計画
黒木第一軍、鴨緑江渡河に成功／機関銃攻撃を浴びた南山の戦い
簡単に考えていた旅順攻略／マカロフ提督の座乗艦が爆沈
連合艦隊をおそった悪夢の一週間／陸軍の作戦計画を立てたのは誰か
日本近海がウラジオ艦隊におびやかされる／汚名を返上した上村艦隊
丁字戦法の弱点／秋山真之を驚かせた運命の一弾

第四章　遼陽、二〇三高地の死闘　127

満州の前線に「総司令部」を置く／遼陽へと北上する日本陸軍
敵の主力を受けて立つ黒木第一軍／退却に傾くクロパトキンの心理
夜襲は日本陸軍のお家芸か／陸の軍神・橘中佐と森鷗外

杜撰な計画が招いた弾丸不足／クロパトキンの逆襲・沙河会戦
〝宮さま旅団〟と〝花の梅沢旅団〟／死傷者六万人の旅順攻囲戦
二〇三高地の重要性／児玉源太郎は死を覚悟して旅順へ
壊滅していた旅順艦隊／乃木希典は本当に愚将か／乃木信仰が残したもの
厚遇されたロシア軍捕虜／講和の道筋をつけた金子堅太郎

第五章　陸上決戦の地、奉天へ　179

黒溝台の不覚／日露騎兵の偵察合戦
臨時立見軍の大奮闘／大山巖、将たるものの器量
秋山好古の騎兵戦略／日本騎兵のその後／奉天会戦で使われた砲弾
鴨緑江軍のオトリ作戦／またも乃木軍にふりかかる困難
自国の捕虜に冷たい日本人／乃木軍を恐れるクロパトキン
参謀本部の野望

第六章　日本海海戦の真実

221
バルチック艦隊の大回航／日露両艦隊の戦力を分析する
下瀬火薬と伊集院信管の問題点／対馬か、津軽か――密封命令の謎
土壇場まで手を入れた戦策／東郷ターン、そのとき何があったのか
最初の三十分が勝負を決めた／「天気晴朗ナレドモ」に隠された意味
鈴木貫太郎隊の突撃／「丁字戦法伝説」はなぜ生き延びたか
上村艦隊の大殊勲／日没後の猛攻／ネボガトフ艦長の降伏
戦争を記録することの難しさ／完璧な勝利の落とし穴／明治人の覚悟

写真提供　国立国会図書館、『幕末・明治・大正回顧八十年史』

第一章　国民戦争としての日清戦争

開戦強硬派だった陸奥宗光外相（左）と川上操六参謀本部次長（右）

日清戦争をめぐる主な出来事

＊明治 27 年（1894 年）

6 月 2 日	日本、朝鮮派兵を閣議決定
7 月 25 日	朝鮮半島西岸の豊島沖で連合艦隊が清国北洋艦隊と交戦（豊島沖海戦）。イギリス国旗を掲げた「高陸号」を撃沈（高陸号事件）
7 月 29 日	成歓の戦いで大島義昌率いる混成旅団が清国軍と正面衝突
8 月 1 日	日本、清国に宣戦布告
9 月 15 日	平壌の戦いに勝利
9 月 17 日	黄海海戦に勝利し、制海権を得る
10 月 25 日	日本第一軍が鴨緑江渡河に成功
11 月 21 日	旅順要塞攻略

＊明治 28 年（1895 年）

1 月 20 日	日本陸軍は栄城湾から上陸し威海衛要塞を、連合艦隊は海上で北洋艦隊を攻める（威海衛の戦い）
2 月 12 日	北洋艦隊提督・丁汝昌、降伏文書を連合艦隊に届けさせた後、服毒自決
4 月 17 日	日清講和条約（下関条約）調印

誰が開戦を望んだか

半藤　みなさんには「日清・日露戦争大検証」という壮大なるテーマについて語り尽くすためにお集まりいただきましたが、私のような戦中世代だけでなく、その下の若い世代も、この百年前の戦争に非常に関心をもっている。これは、司馬遼太郎さんの『坂の上の雲』に負うところ大だと言わざるを得ません。

そこで本題に入る前に、かねてより私が思っていることを――。司馬さんはなぜこの長い小説を書いたのか？　日露戦争の物語ということになっているけれども、初めは〝明治の青春〟を書くつもりだったのではないか、私はこう仮説を立てているんですがね（笑）。

ご存知の通り、司馬さんは正岡子規という人が大好きですから、子規のことを調べ出したら、ご近所に小学校から大学予備門まで一緒だった、秋山真之という面白い人物がいる、しかも兄は、日本騎兵の父と呼ばれた秋山好古であると。

子規を書くならこの秋山兄弟も入れて〝明治人の青春〟を書こうとした。それで『坂の上の雲』というタイトルをつけたのだろうと思うんです。

松本　確かに、子規が死ぬ前と死んだ後とでは、小説の雰囲気ががらりと変わりますね。

半藤　明治三十五（一九〇二）年に子規が死んだとき、司馬さんは、小説の中で不思議なことを書いています。子規は死んでしまった、この小説をどう書こうか、まだ悩んでいる。日露戦争を書かなければならなくなったが、小説で日露戦争を書くのは非常に難しい、小説とは不便なものである……と、弁解とも愚痴ともつかぬようなことを書いて、突然、日露戦争にのめりこんでいくんですね。

松本　子規は日清戦争の頃、陸羯南《くがかつなん》の「日本」で新聞記者をしています。すでに病を得ていましたが、何度も「従軍記者に行かせてくれ」とせがんで、ようやく行けることになる。人生で一番うれしかったのは、十七で上京が決まったときと、日清戦争への従軍が決まったときだ、と友人に手紙を書き送っています。

原　子規が、大本営に提出した従軍記者の願い書が、防衛省防衛研究所の資料に残っていますよ。過去に自分が書いた記事も添付してあって、かなりの意気込みなのがわかります。

半藤　ところが行ったときには、戦争は終わっていたんですよね。子規が広島の宇品港を出発したのは四月上旬、十七日には下関で講和が成立していますから。

秦　それはすぐに従軍の許可が下りなかったせいですか。

原　願い書が出されたのは、出発のひと月前、明治二十八年の三月六日です。

戸髙　あの頃は、誰も日本が負けると思ってないのが面白いですね。日本が勝つ場面に立ち会いたいという気持ちでいる。子規も出立に際して、「日本は旅順、威海衛《いかいえい》の戦いに勝って世界の強国になった。これからは産業も興り、文化芸術も栄えるはずだ」と、明るい展望を書き綴っています。

松本　明治人の楽天主義は、司馬さんも繰り返し指摘するところです。しかし、首相の伊藤博文はじめ、首脳部は戦争を回避したがっていました。主戦派は外務大臣の陸奥宗光ぐらいです。

秦　それと参謀本部次長の川上操六。

半藤　それから駐朝鮮公使の大鳥圭介。

松本　二人とも軍人ですからね（笑）。内閣の方は、伊藤も陸軍大臣の大山巌もかなり反対だった。そこを陸奥本人の回想録『蹇々録《けんけんろく》』にもあるように、陸奥ががんばって開戦までこぎつける。ところが、開戦の詔勅を出す間際で、明治天皇が渋るんですね。

半藤　この戦争は「朕の戦争にあらず、重臣の戦争である」とね。あの重臣とは、陸奥だけを指すんでしょうか。強硬派の川上操六に陸奥が同調したのは確かですが。

松本　陸奥でしょう。明治天皇は西南戦争に呼応して政府転覆をはかり、投獄された陸奥が外務大臣になったのもお気に召さなかったようですし、「東洋の平和」を理想とする天皇としては、隣国の清と戦争はしたくなかった。

日清戦争の大義

秦　そもそも日清戦争には、大義名分が乏しい。「日本の利益線確保のための朝鮮半島確保」という山県有朋の言い分にしても、国民にはピンと来ないですよ。この大義名分の不足を、明治天皇は一番気にしたと思います。ただ、福沢諭吉をはじめ、しかるべき論客は日清戦争を支持していますね。

松本　福沢は、「文明（日本）対野蛮（清）の戦争である」と「時事新報」に書き、のちに平和主義に転じた内村鑑三も、開戦前は義戦論を説いています。新聞も、戦争しろ、しろと煽り立てる。「♪日清談判　破裂して　品川乗り出す東艦《あずま》」で有名な欣舞節も、作られたのは明治二十一年頃と、実際に破裂するかなり前のことです（笑）。

戸高　とはいえ、明治二十七年八月一日に出された開戦の詔勅には、戦争の目的として、朝鮮の独立が明記されています。ベトナム戦争に介入したアメリカと同じで、形の上ではありますが、他国の独立支援のために自国の兵隊を出すことに、どの程度、大義名分が認められたかは疑問ですね。

松本　いや、その背景には、甲午農民戦争（東学党の乱）などで不安定だった朝鮮半島を放っておけば、必ずロシアが介入してくるという想定がある。当時、朝鮮で一番大きな銀行は、ロシアと清がつくった露清銀行で、朝鮮半島の利権のほぼ全部を押さえていました。

半藤　不凍港を求めて南下政策をとるロシアと、日本の利害が朝鮮半島で衝突する。もし帝政ロシアが朝鮮を押さえれば、日本は直接対峙することになり、国の安全がおびやかされると主張したのが、山県の唱える〝日本の利益線〟だったんですがね。

戸髙　形としては、一種の予防戦争ですね。

半藤　まあ秦さんの言う通り、無理な言い分ではあります。

秦　日清戦争の性格をめぐる論争は、いまだに決着がついていません。防衛戦争なのか国民戦争なのか、戦後マルクス主義が盛んだった時代には、日清戦争は帝国主義戦争か否かという議論も出ました。〝早発的帝国主義〟という概念までひねり出してね。

日本人は幕末の頃、植民地化されるかもしれないと危ぶまれたときでさえ、意気だけはきわめて軒昂でね。吉田松陰は、「アジア全域を征服してインドまで行く」というし、橋本左内は、「いや、アメリカ大陸まで行く」とつけ加えるという具合で、気宇壮大もいいところです（笑）。清国についても、支配層は元々満州出身なのだからそちらへ追いやって、中国本土はロシアと分割する、もし分割する必要がなければ、日本だけで取ろうという妄想です。

半藤　明治の新政府になっても、その精神は変わりません。

秦　征韓論ですね。

半藤　それから明治七年の台湾出兵があり、その翌年には江華島事件と、立て続けに軍事行動を起こしている。日本という近代国家は出だしからして、ものすごい膨張主義・大国主義なんです。

秦　フランス革命の後、ナポレオン率いるフランス軍が、全ヨーロッパ征服を目指してどんどん攻め込んでいったのと同じですね。当時は〝侵略〟という概念がないから〝膨張〟としか表現のしようがないですが、民族精神が高揚するときは自然と、膨張主義になるのでしょうね。

松本　徳富蘇峰も『大日本膨張論』（明治二十七年）という本を書いていますが、文明国になること、すなわち正義なんですね。文明国には文明の正義を広める使命がある、だから台湾を割譲させてでも、鉄道、学校、病院、法律を整備することは、彼の地の人びとに文明の余沢を分け与える行為に他ならないと。

半藤　日本は文明国になったんだから、それを押し広めていく途中でだらしのない国を奪い取るのは一向に差し支えないと、明治の人たちは考えていたと思います。山県有朋が、「清国とは一戦交えざるを得ない」と言い出すのも、明治十五年あたりからです。

原　しかし、山県は必ずしも好戦的な軍人ではないですよ。武張った川上操六などとは違って。

半藤　そう、へっぴり腰なんです。

原　ものすごい慎重派です。

半藤　へっぴり腰だけど、覚悟だけは相当早く決めているんです（笑）。あとはいつやるか、という時期の問題だけで。

戸髙　手回しのいいことに明治政府は、憲法発布のあくる年の明治二十三年には、金鵄勲章を制定しています。戦争を何もしていない時期にもかかわらず（笑）。金鵄勲章は陸・海軍人の軍功に対して与えられるものですから、勲章が必要になる事態を見越していたとしか思えません。

半藤 それは、はっきり戦争になることを意識していますよ。

〝陸軍の至宝〟川上操六の作戦計画

松本 川上操六は対朝鮮・清国作戦を立案するにあたり、明治初年の征韓論時代の作戦計画を参照したといいます。

秦 私の教えていた大学院の学生が、その具体案を見つけたんですよ。明治五年十一月に伊地知《いじち》正治と板垣退助がつくって西郷隆盛も了承した作戦計画です。それによると、釜山と仁川の二カ所から上陸して首都・漢城を衝《つ》く。そして四万人の兵力で五十日かけて朝鮮国王を捕虜にすると——。

半藤 えっ、国王の拉致ですか。

秦 兵力の一部を平壌にも上陸させ、国王の逃げ道を塞ごうというのです。平壌上陸は日清戦争で実施されていませんから、そこは修正したんでしょう。

松本 すごい話だなあ（笑）。

秦 これは秀吉の朝鮮征伐が原案になっていると思うんです（笑）。時間を隔てても、前に立てた構想を踏襲していくところが興味深い。民族の戦いの記憶がこうして連綿と受け継がれていくものである以上、明治天皇が「大義名分が不足している」と苦言を呈したぐらいでは、開戦の勢いを止めるのは無理だったでしょう。

原　川上操六は、ドイツで兵学を学んだ筋金入りのプロシア主義者です。先制攻撃と諜報活動を非常に重んじる。戦争になるかなり前から、福島安正や藤井茂太など優秀な将校たちを清国に送り込んで、軍の内部や地形をあれこれ調べさせています。そうした敵情を十分に踏まえた上での開戦強硬論であったと思います。

秦　川上が「今謙信」と呼んで、その作戦能力を評価していた小川又次も、明治十三年と、参謀本部第二局長時代の明治十九年に清国へ行っています。それでつくった作戦計画というのが荒っぽいもので、五年以内に支那を討つ。まず北京を押さえて、それから上海、漢口、宜昌まで占領する、これをすべて八個師団でやるというんです。

半藤　兵隊さんがそんなにいるはずないですよ。明治二十七年の戦時編制で、かき集めてやっと七個師団ですから。

秦　正規の師団は六個師団、これに後備師団を二つ加えて計八個師団です。そのうちの一個か二個でもって上海から宜昌まで行く。ところが北京に攻めかかろうという直前、李鴻章が降伏して下関条約が締結されたので実現しませんでしたが、あれがなければ、この計画通りにやったかもしれません。

半藤 それにしても川上操六は、大島（義昌少将）混成旅団をよく朝鮮へ出しましたよね。一個旅団といえどもかなりの数です。

秦 平時の一個旅団の編成がせいぜい二、三千なのを錯覚させ、「混成一個旅団を出します」と伊藤首相以下を騙してね。出してみたら八千人もいた（笑）。

半藤 混成旅団ですから臨機応変に大きくなったり小さくなったり、騎兵もいれば工兵もいる。いくら朝鮮向けとはいえ、多すぎると思いますよ。開戦にもならないうちに（笑）。

戸高 あまり多いので、途中で少し戻せと言ったんでしたね。

半藤 伊藤博文が驚いたんですよ。川上の戦争への決意を察してね。

松本 それを補佐する形で、特命全権公使として朝鮮宮廷にくい込んでいた大島圭介が、同じく内乱鎮圧のため派遣されていた清国の軍隊を日本軍の力で駆逐してもらいたい、と日本に要請を出すよう強引に迫る。大旅団上陸に恐れをなした朝鮮は、列強の外交団へ必死に働きかけますが、日本はどこの応援も頼まず、戦争を仕掛けていきます。

戸高 一度動き出したら最後、振り上げた拳はもう振り下ろすしかないという感じで、軍人が主導権を握ってしまう最初のケースがこのときです。満州事変、支那事変しかり、以後、日本陸軍はこのパターンをずっと繰り返します。

半藤　〝陸軍の至宝〟と称される川上操六ですが、やっぱり名将なんでしょうかね。

原　明治の元勲から見ていくと、陸軍では山県、大山と挙がって、次にくるのがこの川上だと思います。

半藤　やることは相当な強硬派に見えますが（笑）。

原　児玉源太郎もそうでしたが、川上は人の使い方がすごくうまい。児玉より川上の方が鋭いというか、強引さが目立つ面もありますが、軍人の資質としては非常に優れたものがあると思います。

敗走する清国軍

半藤　それでいよいよ前哨戦となって、明治二十七年七月二十九日、成歓《せいかん》において、大島混成旅団が、清国軍と正面衝突します。兵数は三千対三千、大砲の数も八門対八門と兵力はまったく互角ながら、あっという間に日本軍が勝って、清国軍は平壌へ敗走する。日本軍の死傷者八十二人に対し、清国軍は五百人と圧勝でした。

松本　続く平壌の戦い（九月十五日）でも、日本軍一万対清国軍一万三千～一万五千と兵力はほぼ同じ。しかし戦死者は、日本軍が百二人、清国軍は二千人と差がさらに広がりました。

半藤　日本軍の武器が特にいいわけでもないんですがね。

戸髙　まだ国産の村田銃を使っています。

松本　向こうはガトリング砲を持っていたけれど、兵器の使い方がわからなかったんじゃないかな。

原　戦闘において特に重要になるのが、大砲の使い方です。日本軍は最前線で戦う歩兵をうまく支援するよう、統制のとれた使い方ができるのですが、清国軍はそこが組織されていない。これでは大砲の数がいくらあったとしても駄目です。

松本　国木田独歩が、従軍記者として軍艦「千代田」に同乗し、威海衛の戦いの一部始終を綴ったルポルタージュがあります。『愛弟通信』（「国民新聞」に連載）というんですが、降伏した清国海軍のトップたちは、まさに「支那人の花」と賞すべき人たちであった。みな欧州に留学経験があり、英語を流れるごとくに操り、悠然迫らざる立ち居振る舞いである。けれども、「彼らは泰平の世の海軍士官であって、武人ではない」と書いています。

清の軍隊はあくまでも清王朝の軍隊であって、国軍として統一されていない。戦争の技術は全部外国から買っています。下の兵隊はまさに傭兵で、雇われた兵隊ですから、白兵戦のような場面ではすぐに逃げだしてしまう。最新式の兵器を買い、指揮系統の上にいる者に高い教養があったとしても、兵士たちに国土を守る、家族を守るといった国民としての義務感がなければどうしようもない。

半藤　作戦指導もだめだったんでしょうね。日本の連隊、大隊、中隊、小隊にあたる組織は向こうにはないんですか。

原　一応あるんですよ。営（大隊）とか団（連隊）とか、満州族の八旗制に基づく組織が。でも各長の私兵のような形で任意に動くものだから、組織的な連携がとれない。

秦　南満州の戦いでは、戦闘している横で農民がいつもと同じように田畑を耕していたといいます。そういう感じですから、国民的な支持や理解に決定的に欠けていた。上から下まで問題があったんでしょう。

半藤　司馬さんも『坂の上の雲』の日清戦争の章を、「勝利の最大の因は、日本軍のほうにない。このころの中国人が、その国家のために死ぬという観念を、ほとんどもっていなかったためである」と締めくくっています。

ヒーローは名もなき一兵卒

秦　成歓の戦いで最初に戦死したのが、松崎（直臣）大尉です。日本軍の戦死者第一号ですが、部下も数名死んでいる。その中で一番有名になったのが、木口小平です。私が子どもだった頃、一年生の修身の教科書に、「キグチコヘイハ　テキノ　タマニ　アタリマシタガ　シンデモ　ラッパヲ　クチカラ　ハナシマセンデシタ」と、ラッパを咥えたままのけぞっている兵隊の挿絵が、色刷りで添えられていました。

松本　「安城渡しのラッパ卒」という歌もありましたね。「♪弾丸　のんどを貫けり　かすかに鳴りしそのときは　熱血気管にあふれたり」。あれは白神源次郎でしたか。

秦　最初、この名誉のラッパ卒は白神源次郎だと言われていたんです。それが湿地帯を渡るときに溺死したとわかり、七年後に第五師団司令部によって木口小平に変えられた。木口もラッパ手で、白神と同じ日（七月二十九日）に戦死しています。二人は同じ岡山県の僻村の出身で、昭和になっても本家争いが続いたようです。

半藤　敵と戦わずして死んだのがまずいと考えたのでしょうが、白神さんもお気の毒です。そういえば昔、成歓の駅前に、松崎大尉の碑が立っていたといいます。木口小平と松崎大尉といえば、猛攻をもって日本軍を勝ちに導いた、日本陸軍史が誇る大恩人なんですよ。

秦　戦争に美談はつきものですが、日清戦争のヒーローは、この木口小平、平壌の戦いで玄武門一番乗りの原田重吉、黄海海戦の三浦虎次郎と、みな名もなき一兵卒です。

戸高　三浦虎次郎は「♪まだ沈まずや　定遠《ていえん》は」で知られる、軍歌「勇敢なる水兵」のモデルですね。絵にもなりました。

秦　ところが日露戦争になると、〝軍神〟とあがめられた旅順口閉塞戦の広瀬武夫少佐（戦死後、中佐に特進）にしろ、遼陽の戦いの橘周太少佐（戦死後、中佐に特進）にしろ、上級士官です。そういう点から眺めると、日清戦争が民衆の戦いであった側面がかなりクローズアップされてきます。

松本　国軍のかたちを整え、国民の力で戦争に勝ったというプロパガンダのためにも、下を持ち上げておく必要があったんでしょう。

秦　まあそうなんですが、この三人のヒーローは多分に自然発生的でね。

半藤　秦さん、今も地方に行くと、日清戦争で死んだ人のお墓はでかくて立派ですよ。

秦　ほう、そうですか。

戸高　あの頃は徴兵に行かない人が多かったですからね。明治の人にとって、徴兵逃れはそれほど後ろめたいことではなかった。

半藤　まともに集めても成人男子の数パーセントしか集まらないから、明治二十二年に徴兵令を変えて、学生の徴兵猶予の年齢を二十六歳まで引き上げるんです。夏目漱石は、数え年二十六歳のときにあわてて北海道へ本籍を移しました。

秦　確か、勝田主計《しょうだかずえ》（のち大蔵大臣）も沖縄に移しましたね。

松本　当時沖縄と北海道は徴兵の対象外でしたから。

半藤　高浜虚子も沖縄に移籍して、あとで、「証明書をもらいに行くのにわざわざ沖縄まで行かなきゃならない」とぼやいたとか（笑）。とにかく無理に徴兵の枠を広げましたからね、〝国民の戦争〟にしないことには持たなかったろうと思います。

さて、成歓の戦いで勝って大殊勲をあげた派遣旅団長・大島義昌はのちに大将になります。歴史に〝ＩＦ〟はないとはいえ、成歓の戦いでもし日本が負けていたらどうするつもりだったんでしょうか。八千の兵隊はたちまち朝鮮半島から駆逐され、背後からロシアも出てきて、日本はたいへんな窮地に陥ったと思います。

秦　勝っているから問題にならないだけで、日清戦争の軍事作戦を見ると、日本軍は相当、危ない橋を渡っていますよ。

半藤　あのとき、負けたときのことを想定していたのは川上操六だけです。作戦計画を三つのケースで考えていて、海軍が制海権をとった場合、とれなかった場合、そして最後が本土決戦であると——。

秦　勝ったときのことしか考えないのは、太平洋戦争の陸海軍が最たるものですよ。真珠湾攻撃が失敗したらどうするかなんて、まったく考えていなかった。

半藤　本土決戦まで視野に入れて計画を練っていたとなると、太平洋戦争のときとはだいぶ違いますから、川上操六は、やはり名将かもしれませんね。

戸髙　川上の考え方はアメリカ流の危機管理思考ですよ。

豊島沖の海戦と高陞号事件

松本　一方、海の方では、成歓の戦い前の七月二十五日早朝、朝鮮半島西岸の豊島《ほうとう》沖で両軍が戦火を交えます。「吉野」「秋津洲《あきつしま》」「浪速《なにわ》」の日本海軍の巡洋艦三隻と、清国の巡洋艦「済遠《さいえん》」と「広乙《こうおつ》」です。ちなみに「済遠」は、清国北洋艦隊が持っていた主力艦のうちの一隻です。戦闘が始まり、日本軍の攻撃により「広乙」は座礁自爆、「済遠」は逃走しましたが、このとき、突発的事件が起こるんです。

戸高　高陞号《こうしょう》事件ですね。「浪速」がイギリス国旗を掲げた商船を発見し、臨検したところ、はたして牙山に移送中の清国兵千人余りと武器弾薬を満載しているのがわかった。日本側の再三にわたる停船命令に、「高陞号」が最後まで従わなかったため、二時間半後に砲撃を加え、撃沈した事件です。

半藤　あれは、望遠鏡を覗いてみたら甲板に清国の兵隊がいっぱい乗っていたのを発見した、というんでしょう?

松本　イギリス人船長は船を停めようとするのを、清国の将校たちが船長を脅迫し、抵抗し続けたあげく砲撃戦になったんですね。

秦　沈めた後、清国兵はほったらかして、船長以下、数名のイギリス人船員だけ拾い上げてね。沈めていなかったら、船上の清国兵は四日後の成歓戦に間に合ったはずですから、勝敗がどうなったか……。

半藤　〝文明人〟だけ拾い上げたんでしょうか。

松本　イギリスは怒って国際問題になりますが、「浪速」艦長だった東郷平八郎のとった一連の行動が、国際法に適っていることがわかり、事態は沈静化します。イギリス人法学者のホルランドとウエストレークが「タイムズ」に寄稿して、日本側の処置に違法行為がなかったことを主張し、事なきを得た。

戸高　東郷は若い頃イギリスに七年間留学し、商船学校で国際法を学んでいます。それゆえ冷静沈着な判断ができた。一説には、リストラ寸前とも言われた東郷さんが、日露戦争で連合艦隊司令長官に抜擢された一因として、国際法に通暁していた点も考慮されたという説もあります。もっとも、清国兵をひとりも助けなかったことについて、先のホルランドも、人道的でないと非難しています。

山県有朋、大山巌が前線に立つ

半藤　ここまではいわば前哨戦でしたが、八月一日に宣戦布告をして、いよいよ日清戦争が始まります。陸軍は新たに第一軍を編成しましたが、その司令官に山県有朋が出てくるんですね。総理大臣まで務めた人が野戦軍の指揮官とは、世界的にみても異例じゃないでしょうか。

原　山県は軍人としてはトップです。ここは、トップの者が先頭で行かざるを得ない重大局面だという意識からでしょう。こういう意識の流れが幕末からあります。

半藤　武士の心意気ですな。第二軍の司令官は、開戦時に陸軍大臣だった大山巌。国の存亡をかけて戦う意思を内外に知らしめるには、最高の地位にある者が最前線で戦ってみせるという、その意気やよしです。

松本　いかにも明治の軍人らしいですね。大山も山県も年少の時分から、戊辰戦争や西南戦争をくぐり抜けてきています。こうした体験にもとづく気分は昭和の軍人には、もはや見られない。わずかに山本五十六ぐらいでしょうか。

半藤　確かに同じ陸軍大臣でも、東條英機が第一線に立つ姿は想像できない（笑）。第一軍・山県有朋、第二軍・大山巖、この人事配置を見ただけでも、国運を賭けたことがわかります。

制海権を賭けた黄海海戦

半藤　そして九月十七日、黄海海上で、日本海軍と丁汝昌《ていじょしょう》率いる清国の北洋艦隊がぶつかります。この海戦で制海権をとれるかどうかが、勝敗の分かれ目でした。

戸高　当時の日本海軍はまだ弱体でしたからね。国産の軍艦はほぼ皆無で、輸入艦頼み。艦を買うのも、買ってからの整備も予算の範囲内でしかできないという情況です。かろうじて「松島」「橋立」「厳島」の日本三景にちなんだ名で知られる〝三景艦〟のように、無理に無理を重ねた船を造りました。オペレーションにおいても発展途上で、日本の海軍自体がどういう方針でやっていくか、明確な見通しはなかったと思います。

松本　豊島沖の戦いでも、大砲を撃つために七百メートルまで接近して、魚雷があるからと使ってはみたものの、敵艦まで届かず四百メートルぐらいで浮いてしまう。戦いが終わっても爆発せずに浮いたままなので、信管をはずして回収してきたという、冗談のような話があります。

戸髙　三景艦も大砲を撃ってみたらたちまち壊れて、海戦の間中、撃った弾はわずか三発か四発だったんですよ。

半藤　「三景艦は役立たずだった」と聞くけれど、あれ、本当の話なの？

戸髙　残念ながら事実です。主砲に一門だけの三十二センチ砲を搭載するなんて、最初から無理なんですよ。フランス・カネー社製の大砲ですが、試験の様子をレポートした「水交社記事」を読んだだけでも危なっかしい感じなのを、大口径砲が欲しい一心で採用してしまった。だいたいこの三十二センチ主砲というのが、試作品のような大砲だったのです。

秦　撃ったときの衝撃で船が壊れるんですか。

戸髙　ええ、敵の主力艦である「定遠」「鎮遠」の半分しかない四千トン級の小さな艦に、この両艦の主砲の三十・五センチ砲より大きな砲を載せていますから、撃っただけで船が傾く、大砲は壊れる。

秦　弾は命中しないの？

戸髙　万に一つ弾が命中すれば、「定遠」「鎮遠」の厚さ三十センチの装甲板を撃ち抜ける、その一点に賭けているわけです。

秦　「定遠」「鎮遠」に対する日本海軍の恐怖は、相当なものですからね。確かに世界最強の巨艦ではあったでしょうけれど。

松本　開戦前にイギリス情報部が発表した兵力比較では、海軍力は百対十八で、圧倒的に清国が上回るとみられていた。

戸髙　日本は主力の「浪速」や「高千穂」でも四千トン級で、「定遠」「鎮遠」のような八千トン級の巨艦がない。海軍力は船の総排水量で比較するのでどうしてもそうなります。明治二十四年、丁汝昌が「定遠」に乗り、艦隊六隻を引きつれて日本へ来航したとき、東郷平八郎が訓練の様子や、大砲に洗濯物をかけているのを見て、「恐るるに足らず」と言ったそうですが、実際には大変なプレッシャーを受けていています。

秦　そのギャップを埋めるために、黄海海戦のときはどういう対策で臨んだんですか。

戸高　三景艦に関しては、何も考えずに出て行ったら、そういうひどい有様だったので、もう大砲は使わないだけです（笑）。全体としては、中口径砲の高速巡洋艦に近い艦を使って、「定遠」「鎮遠」のぶあついアーマー（装甲）は撃ち抜けないにしても、小さなダメージを累積させて敵の戦闘能力を失わせる方針へと変わっていきます。

半藤　遠距離からの撃ち合いはとても無理だから、高速巡洋艦で突っこんでいって、中小口径砲で艦上施設を破壊し、兵士たちを殺傷する。壇ノ浦の戦いで、源義経が平家を滅ぼしたのとそっくり同じ手法ですよ（笑）。

戸高　「定遠」「鎮遠」はまぎれもなく当時の最新・最強艦です。しかし、ハードウェアとしてすばらしい巨艦が二隻あるだけで、それを使う方は前近代的海軍なんです。黄海海戦では、北洋艦隊の何隻かが、日本艦隊に接舷斬り込み、つまり昔風の体当たりを試みようとしています。

松本　海の白兵戦ですね。

半藤　日本海軍のほうは、衝角戦法による突入はなかったの？

戸高　日本海軍は、もう衝角戦法を使う気はありませんでした。接舷攻撃も、甲賀源吾と土方歳三の宮古湾海戦が最後ですよ（笑）。イギリスから軍艦を買うようになった段階で、そういう前近代的な戦い方はしなくなりました。

松本　日本軍は戦艦ではなくて、巡洋艦（当時は海防艦）系が多いですね。足の速さで勝負する。

戸髙　対する「定遠」「鎮遠」のほうは、大きな軍艦に兵隊をたくさん乗せて、その兵隊で戦うという考え方です。ですから、両艦の先端のラム（衝角）は、実際に体当たりするための造りになっていますが、日本のイギリス製軍艦のラムはもはや実用ではなく、伝統的なデザインの名残といった感じです。

煮え切らない伊東祐亨と猪突猛進型の樺山資紀

原　当時の海軍の訓練ぶりを見ると、艦隊運動を繰り返し行なっていますね。すべての艦が組織的に動くことを目的としているのがわかります。ところで、日本海海戦で有名になる単縦陣は、この黄海海戦で初めて採用したんでしたね。

半藤　清国は単横陣のはずが、崩れてV字になっちゃった。

戸髙　単横陣はよく訓練しないと難しいですからね。少し方向を変えようとしても、左右の艦の速力はぜんぜん違うから。あの場面で、一番迷わずにすむ単縦陣を選んだ日本海軍の判断はエラかったですよ。単縦陣ならば、何も考えないで前の船についていけばいい。海戦ではああした現実的な判断は大事です。

半藤　そしてよくわからないうちに、またもや黄海海戦も勝った（笑）。「定遠」「鎮遠」は取り逃がしましたが、敵艦十二隻のうち、四隻を沈めました。日本軍は一隻も撃沈されていません。

秦　しかし伊東祐亨《すけゆき》はなぜ、あそこで追撃しなかったんでしょうね。旗艦「松島」の損傷がひどかったといいますが、連合艦隊最初の司令長官としては消極主義ですよ。軍令部長の中牟田倉之助も似たようなタイプで、開戦直前になって、陸軍の意向もあり、替えられています。

半藤　それで、後任で猪突猛進型の樺山資紀《かばやますけのり》が督戦にいくわけですよ。

松本　白洲正子さんのおじいさんですね。

戸髙　樺山さんは、真っ先に飛び出していきそうな顔をしてますよね。伊東さんに対しても、「おはんは東京にりっぱな家を新築したから、北洋艦隊と戦うのを避けておるのじゃろう」と面罵したそうです。

半藤 う ーん、痛いところを突いてくるなあ。

戸髙 ただ、軍令部長がいきなり戦場に乗り込むなんて、あとの時代の常識からするとちょっと考えられませんけれどね。

秦 しかし、樺山の乗った「西京丸」が、敵にもっとも肉薄したというんでしょう?

戸髙 十二センチ砲を載せた砲艦「赤城」を随伴して、鈍足なのに、戦闘が始まっても逃げない(笑)。四十メートル付近まで接近し、敵艦の目前で反転して逃げ切ったというんですが、実際はコースを誤って、敵に近づいてしまったフシがあります。

秦 向こうも本気で沈めようという気がなかったから助かったんでしょうな。

戸髙 敵の「福龍」から魚雷を撃たれていますが、これが艦の下を潜って外れたりして、運もいい。樺山さんの部下の参謀まで機関銃を撃ったりした。中には拳銃を撃った人もいる。山県、大山のツートップが最前線に出た陸軍同様、軍令部長の樺山さんが乗り込んでいったことのインパクトは、現場ではかなりあったと思います。「赤城」の航海長だった佐藤鉄太郎大尉も、ずいぶん意識したと書いています。

半藤 あんな上官が近くにいたら、いやでも士気があがりますよ。

秦 伊東が煮え切らないタイプだから、樺山が尻を叩き続けなければならなかったんでしょう。

松本　伊東祐亨は戊辰戦争の生き残りなのに、案外おとなしいんですね。

半藤　威海衛の戦いでは、敵の司令官・丁汝昌に真情あふれる文書をしたためて降伏をうながしたり、丁が自決した後、その柩を移送するために、没収したばかりの船を差し向けたり、りっぱな人柄であることは間違いないんですがねえ。

戸髙　黄海海戦は事実上、日本海軍の初陣でした。戦闘を経験したことのない軍人も多い中、大作戦を試みたりもした。

講和後の海軍の内輪の談話会で、佐藤鉄太郎が「もう、恐ろしくて仕方がなかった」と告白しています。損傷を受けて艦が動かなくなったので、下に見にいって、もう一度、戦闘指揮のために艦橋に上がるのがいやで、二度三度あたりを回ってから、観念して上がった。それを見た水兵たちが、「佐藤大尉が見て回られている」と気合が入ったと後から聞いたけれど、実は怖くてなかなか勇気が出なかったのだと話しています。

あっさり落ちた旅順要塞

半藤　黄海海戦の勝利で日本軍は制海権を確立しましたので、大陸に兵力を安全に送れるようになりました。そして、大山巌の第二軍が編成され、遼東半島に上陸して旅順攻略（十一月二十一日）にかかるわけですが、これがまた拍子抜けするぐらいあっさり落ちるんですね。

松本　二十一日の払暁に戦闘を開始して、正午にはもう終わっていた。わずか七時間の戦いでした。しかも、砲撃戦だけで片がついて、清国軍の兵隊は金州方向へ逃げています。

半藤　一方、山県率いる第一軍は十月二十五日、中朝国境において鴨緑江渡河《おうりよつこう》を開始しています。鴨緑江には橋がありませんから、架橋して渡ってみると、清国兵はすでに遁走したあとで、九連城はもぬけの殻だった。清国軍は本当にやる気があったんでしょうか。

秦　近代戦を戦った経験がないからですよ。では、軍港を攻められたらどうするか。大山の第二軍は、旅順港を見下ろす格好で山の上から撃つわけです。その際にどう応戦するか、そうした近代的な兵術が、清国側にはまったくなかった。

松本　清の軍隊は戦う前にまず、互いの兵力を値踏みします。それで自分のほうが上だと思えば戦う。相手のほうが強いと思ったら、旗を敵軍のものに掛け替えて降伏する。辛亥革命（一九一一年）でも三千人の兵士を連れて降伏した清の将軍は、革命軍に加わったとして、そのまま中華民国軍の将軍に任命されているぐらいです。

半藤　日本とは戦いの流儀そのものが違う。

原　だけど、やる気もないんですよ。どこかをちょっと叩かれただけで清の兵隊はパーッと逃げてしまう。逃げると穴だらけになるから、そこに日本軍が攻めこむと、またその隣も逃げる、といった具合でね。

松本　旅順要塞も、日露戦争のときは厚いベトン（コンクリート）で覆って、大砲で撃っても爆破できない状態でしたが、日清戦争ではまだ砲台自体を要塞化しているわけではなかった。ところが松樹山と二龍山、上のほうから攻撃されると砲台は全部沈黙してしまい、清国兵は逃げてしまうので、まともな戦いにならないんですね。

原　写真を見ると、けっこう大きな砲が据えられています。

半藤　でも、みんな港のほうを向いているから使えないんでしょう？

原　いや、陸正面に向いているのもあります。砲はあるのに、兵隊の方が逃げ出すとは情けない限りです。

半藤　平壌の戦いでも負けた、黄海でも負けた、と情報が入っていたんじゃないですか。何やら日本軍はやたらに強いぞと。

秦　先に偵察で入った秋山好古が、旅順の砲台は小口径が多いし大したことはない、と司令官の大山に報告を出していますね。

半藤　大山はそれに従って作戦計画を立て、秋山好古は騎兵隊長として、土城子で敵兵六千人を相手に、三個中隊を率いて戦いました。それにしても、「五十隻の軍艦と十万の陸兵をもってしても半年掛かる」と言われた要塞が、たった七時間で落ちるとは、思いがけない展開でした。

戸髙　このときに、旅順要塞を容易に攻略できたことが、のちに日露戦争で旅順を甘く見ることにつながるわけです。

松本　あそこに攻め入れば簡単に落ちると、旅順攻撃時の旅団長だった乃木（希典）さんの脳裏に刷り込まれた。

原　ロシアの兵隊は清国の傭兵とは違って、ものすごくよく戦いますよ。結局、戦争で戦うのは兵隊なんです。

半藤　ロシア兵の強さについては、日露戦争のところでたっぷり出てきます（笑）。

旅順大虐殺の真相

秦　このあと問題になったのが、旅順の虐殺事件です。三十年近く前、外国人がまだ旅順に入れなかった頃、大連で中国人の専門家二人に話を聞いたことがあるんですが、泣きやまない子供に向かって、「ノギが来るぞ」と言うと泣きやんだという言い伝えが、あったらしい。

旅順を落とした十一月二十一日の午後、乃木旅団の二個連隊は旅順市中に入っています。その日の夜は、市の中心部から少し離れた練兵場に泊まっていますから、誰がどういうふうに、とまではわからなくても、可能性としては大いにあるわけです。

半藤　乃木さんの性格を考えると、自分の指揮下の部隊がやったことに、かなり自責の念を感じたと思いますが。

秦　日清戦争当時は、乃木さんも支那四百州を征服するぞという気宇壮大な漢詩をつくっていますからね。日露戦争のときとは違うんじゃないですか。

原　乃木が旅順要塞を落としたんですから、その名が現地の住民の言い伝えに残っていることもあろうとは思います。ただ、旅順大虐殺を描いた、イギリスの週刊新聞「イラストレイテッド・ロンドン・ニュース」を見ますと、旅順の街中で刀を振り上げ、略奪の限りを尽くしているのは、みな弁髪なんです。刀も日本刀じゃなくて青龍刀（笑）。それでもキャプションには、「ジャパニーズ」とある。中国人か日本人かの区別もつかない、その程度の認識の報道から、日本の悪評がまたたく間に世界中に広まったのは残念です。

戸髙　支那事変の日本軍の虐殺に関する中国側の宣伝写真にも、明らかに軍服が日本兵じゃないというものも沢山ありますが、欧米人には見分けがつかない。

原　そういう混同が事件に拍車をかけた一面も考えられます。その一方、日本の兵隊がどんどん市街地に入っているときに、先に行った者が捕まってさらし首にされたり、遺体に辱めを加えられているのを見た兵隊たちが激昂して、旅順で報復したということも多少はあります。

松本　ありますね。日本軍の悪い癖で、かならず現地徴発をする。太平洋戦争のときはもっと酷いですが、日清戦争でも第二軍が入ったときには、すでに現地の食糧は全部徴発されたあとだったという話も残っています。豚肉でも買おうと思って街に入ると、中国人の母娘が泣いている。「日本軍の兵隊が全部持って行ってしまって、もう食べるものがない」と聞いて、第二軍がお金を払ったと。そういう意味では略奪もあったし、虐殺もあったことは事実だと思います。

兵站補給の軽視

秦　日本軍の第二の習性が、補給の軽視です。先ほど日本の戦死者の第一号は松崎大尉だったと言いましたが、その二日前に松崎大尉の上官の少佐が自決している。理由は、朝鮮人の軍夫に朝鮮馬を使って物資を運ばせるつもりが、みな逃げ出してしまった。それで前進できなくなり、責任を感じて自殺したのです。日本の動員兵力十五万人に対して現地調達の軍夫が十五万人と、ほぼ同数ですからね。日露戦争では、軍人の輜重輸卒《しちょう》を大勢使うようにはなりますが。

松本　日本の軍隊は外地で戦争した経験がないので、兵站《へいたん》線や補給の戦略というものを考えられないんですね。

半藤　兵隊さんは、米を食わないと力が出ない。しかし、米はせいぜい三日分ぐらいしか背負えません。現地徴発は確かに日本軍の悪癖ではありますが、これは多少やむを得ないんですね。

秦　それが改善されていくかと思いきや、あにはからんや（笑）。大東亜戦争になると、大本営が、「開戦に当り出征軍は現地自活を本旨とする」と通達するようになる。日清・日露のときはちゃんと補給するつもりが、障害がさまざま生じてうまくいかなかった。最初から〝現地自活〟を前提に何十万人という兵隊を送り出すとしたら、来られるほうは、イナゴの大群に襲われたようなものですよ。食糧を略奪する過程では、逃げ遅れた女性も見つかる。強姦して、憲兵に見つかると大変だから殺しておけよと、古兵が知恵をつけるといった具合に犯罪を誘発していく。現地調達、あれはいけません。

海軍少尉・秋山真之

半藤　旅順と威海衛を落として、そこから山海関あたりに上陸して、北京まで一気に兵を進めて大決戦と、これが、川上操六が立てた作戦計画でした。

年が変わって明治二十八年一月、二月の威海衛の戦いでは、海と陸、両面からの戦いになります。陸では栄城湾から第二軍を上陸させ、威海衛要塞を背後から攻撃する。海からは、連合艦隊が港内の北洋艦隊を外へおびき出して海上決戦と、こういう構想です。黄海海戦で敗北を喫して以来、北洋艦隊は、山東半島北側の威海衛に引きこもっていましたから。

松本　ここで初めて秋山真之が登場しますね。

戸髙　「筑紫」という小さな巡洋艦の航海士で乗っています。

半藤　『坂の上の雲』には、敵の砲弾を受け、甲板が一瞬にして血だらけになり、乗員が肉片と化す惨状を目の当たりにして、真之がすさまじい衝撃を受けたと出てきます。

戸髙　秋山真之は明治元年の生まれですから、二十六歳ですか。まだ少尉ですね。さっきの佐藤鉄太郎の述懐をみても、日本軍全体にとって初めての国家戦争において、同じ指揮官でも、幕末の志士の世代と明治生まれとではかなりの差があったでしょう。おおざっぱに言えば、日清・日露で勝った指揮官クラスは江戸の教育を受けた人間で、明治の教育を受けた人間が太平洋戦争で負けていると、大体世代的にはそうなります。

半藤　日清戦争のころのトップはみな〝元お侍〟ですよ。

松本　元桑名藩士の立見尚文《たつみなおふみ》は、戊辰戦争では雷神隊を組織したんでしたね。日清・日露まで、なかなかよく戦った将軍でした。いわば、〝常勝将軍〟。

半藤　野津道貫《みちつら》が心酔してね。

原　山県は、北越戦争でこの立見に奇襲攻撃をやられて以来、頭が上がらなかったんですよ。

半藤　軍刀を敵に奪われ、酒の入った瓢簞だけ持って、あわてて逃げ出したといいますから（笑）。

原　そういう猛者たちが先頭に立って戦ったのが、日清戦争でした。

丁汝昌の最期

半藤　威海衛の戦いに話を戻しますが、北洋艦隊はとにかく湾内にこもったまま出てこない。これでは海上決戦は無理だ、と判断しまして、日本軍が次に打った手が湾内に水雷艇を潜入させて、敵艦を魚雷で撃破する作戦です。二月五日未明に行われたこの夜襲作戦で大活躍したのが、のちに首相になる水雷艇長の鈴木貫太郎です。

戸髙　世界初の大規模水雷攻撃でしたね。鈴木貫太郎は、二度出ていって港口の防材を破壊して通路を拓き、〝鬼貫太郎〟と呼ばれた肉薄ぶりを見せる。ところが発射管が凍てついて、鈴木艇から水雷が発射できない。戻ってそう報告すると、伊東司令長官は「チェストー」と言って背中を向けてしまいます。薩摩人が、気持ちの高揚したときや悔しいときに発する言葉です。

松本　失敗したと思ったんだけれども、この魚雷攻撃で、向こうの旗艦「定遠」が擱座していたんですね。

秦　二月十二日、丁汝昌は乗組員の生命保護を条件に、降伏文書を届けさせました。伊東祐亨が返書と一緒にぶどう酒などをつけて遣ると、丁は深謝しつつも、「両国有事の際、私受しがたし」と酒と慰労の品々を返上した後、毒をあおいで自裁する。

半藤　伊東は北洋艦隊で日本を訪問した丁と会ってるんですね。そして、敵将ながら、開明的な丁に対して並々ならぬ友情を抱いていた。みすぼらしいジャンク船で丁の柩が移送されるのを見かねて、伊東は、「あれほどの将に対してもってのほか」と捕獲船をさし戻して、それに載せるよう指示を出します。丁の柩を載せていく「康済号」に、日本海軍は旗艦「松島」が弔砲を撃ち、各艦、登舷礼式をもって見送る……あれはいい場面ですよ。

原　それこそ武士の情、です。

魚雷開発に力を注いだ日本海軍

原　威海衛の水雷戦のことはその後、世界に知れ渡りました。ロシアの駐日武官ヤンシールが日本を回って作った報告書を、日本側が押さえたところ、「駿河湾から攻め上がれ」とあった。なぜ、駿河湾なのかと訊ねると、「伊勢湾や東京湾は狭くなっているから、水雷艇がいるかもしれない」と答えたというんですね。その点、駿河湾は開けているから安全であると。

松本　太平洋戦争でも、アメリカの魚雷艇（PTボート）がソロモン海域で大活躍しました。狭いところでは水雷艇はかなりの成果があがりますね。

戸高　小さくて破壊力が大きいという点で、威海衛の作戦が成功したあと、日本は魚雷に期待するところ大だったんですけどね……。

秦　でも水雷艇（魚雷艇）には限界ありというので、海軍は開発・改良をやめたんでしょう？

戸高　そう、魚雷艇の開発はうまくいきませんでしたが、魚雷の開発には全力を注いだんです。

秦　えっ？

戸高　ですから、九三式魚雷までいくんです。

秦　しかし、太平洋戦争で日本の水雷艇が活躍した場面はまったくないですよ。

戸高　ないない（笑）。

半藤　つまり、魚雷の性能がよくなりすぎちゃったんです。

戸高　日本の魚雷はハードウェアとして開発が進みすぎて、太平洋戦争の頃には、九三式魚雷の射程が四万メートルまでいきました。でも、四万メートル射程のある魚雷を四万メートル離れたところから撃って当たるはずがない。つまり、日本海軍は性能だけよくて、当たらない兵器をつくってしまったわけです。

半藤　威海衛で鈴木貫太郎が使った魚雷はイギリス製で、射程は三百メートル程度です。したがって危険を承知で肉薄するしかなかったんですが、魚雷の性能がよくなったもんだから太平洋戦争では肉薄しなくなった。

秦　日本の水雷艇をソロモン海に持っていって、ガダルカナル周辺で活動させればよかったんですよ。

戸髙　ところが船のほうはいいエンジンがなくて、手ごろな魚雷艇の開発に日本海軍はことごとく失敗するんです。魚雷に関しては、弾だけがよくて鉄砲がないみたいな、おかしな状況に日本は陥っています。

半藤　ともかく、鈴木貫太郎率いる水雷艇部隊のがんばりによって、日本軍は威海衛を制圧しました。すると、清国はすぐに降伏するんですね。北京まで攻め込むつもりだったのに、李鴻章が日本に全権大使としてやってきて、明治二十八年四月十七日、下関条約を締結します。

清国敗戦の理由

半藤　「老朽しきった秩序（清国）と、新生したばかりの秩序（日本）とのあいだにおこなわれた大規模な実験」と司馬さんが『坂の上の雲』に記した日清戦争ですが、全局面を通じて清国軍はやる気がなかったですな。

秦　モチベーションの違いでしょう。清の皇帝は満州族ですからね。西太后は自分の隠居用の離宮の庭園づくりに凝って、北洋艦隊に使うはずの海軍予算まで投入したという話があるぐらいですし、漢人たちもわが身を投げ出す気にはなりませんよ。

松本　頤和園《いわえん》ですね。大理石の船が今も湖に浮かんでいますよ（笑）。

秦　西太后が浪費しなかったら、北洋艦隊はもう少し強かったかもしれません。

戸髙　西太后が軍艦マニアでなくて何よりでした（笑）。それはともかく、日清戦争に勝つまでは、日本人は中国の文化に対して非常な思い入れがありました。孔子以来、中国は日本の先生だった。その偉大なる中国への幻想と現実のギャップが、ある種の侮蔑感につながっていきます。

松本　作家や知識人の支那趣味に代表されるように、日本人が見ていた中国は、同時代の清国や中華民国ではなくて、春秋・戦国の思想や唐の時代からの漢詩といった中国文化なんです。そこに尊敬の念を抱いていたのに、こんなに戦争が弱いのかという、ややねじれた侮蔑感ですね。

半藤　さはさりながら、日本軍はそこからいささかの戦訓も学び取りませんでした。

秦　学ばないのが日本人の第三の習性でしょうか（笑）。

賠償金は得たけれど

半藤　日清戦争で日本は、遼東半島（三国干渉で返還）と台湾澎湖島という領土も手に入れたし、二億テール（約三・一億円）という当時の日本の国家予算の四倍もの賠償金も手に入れまして、戦費のほとんどを補いました。

秦　掛かった以上の戦費をとり返したケースというのは、内外の戦史を通じて、おそらく最後じゃないですか。

松本　戦争をして儲けた最初の例がナポレオンのエジプト侵略で、最後が日清戦争である（笑）。

戸高　戦争をやっても損はしない、国が広がる、軍人は勲章をもらえると、いいことづくしです。しかし、三国干渉のような国際的なパワーバランスに呑み込まれる事態が、このあとすぐに起こる。そう考えると、以降の日本の戦争は、良くも悪しくも日清戦争に全部、種がありますよ。

半藤　福沢諭吉が「時事新報」に書いた日清戦争中の「日本臣民の覚悟」というのが、面白いのでちょっとご紹介します。

一つ、官民共に政治上の恩讐を忘るることなり
二つ、事の終局に至るまで謹んで政府の政略を非難すべからず
三つ、人民相互に報国の義を奨励し、その美挙を称賛し、また銘々に自ら堪忍するところあるべし

福沢諭吉がとくに戦争が好きだったとは思えませんがね。

松本　日清戦争が始まる前は、福沢諭吉は伊藤博文に対する批判者でした。それが戦争が始まるとうって変わって、死ぬまで伊藤を評価するようになる。

半藤　伊藤博文に象徴される明治政府を評価するんですね。そういう意味でも、日清戦争は、福沢諭吉のような碩学の頭すら変えたんです。

松本　徳富蘇峰も主戦論に転じた一人です。自伝の中で、「明治二十七、八年戦役（日清戦争）は日本の歴史にとっても、わが人生にとっても一大回転機であった。それまで藩

閥政府との戦いに人生を賭けてきたのが、戦争が始まるや薩長もうち忘れ、挙国一致で清国に衝《あた》ることしか考えられなくなった」と往時を振り返っています。

半藤　そうした時代の雰囲気の中で、猛反対を続けていたのが勝海舟です。日清戦争には大義名分がないという話が最初のほうで出ましたが、これがまさに勝海舟の言うところでして、日清戦争について、「日本の大間違いの戦いである、こういう余計な戦争をして突っ込んでいくと、かえって朝鮮半島が他の国の餌食になる。むしろ清国とは日本の貿易のため、商業なり工業なり鉄道なりすべてにおいて、支那五億の民衆は日本にとって最大のお客さんである」と言って一句、

　慾張りて纏頭《はな》失うな勝角力《かちずもう》

と言うんです（笑）。

松本　欲をかくと肝心のご祝儀ごともっていかれるよと。もっともです。

勝海舟は『氷川清話』で他にもいろいろ喋っていますね。日清戦争に勝った後も、清国に勝ったなどと思うな、そもそもあそこは国家ではない、あそこにいるのは民衆であるから、国家の主なんてものに誰が代わっても構わない。アヘン戦争でイギリスに割譲された香港の例をみても、中国人は自分たちの土地を一部貸してやったというぐらいのつもりだ

から、我々日本人が占領したなどと勘違いしてはいけない、と戒めています。

半藤　そのことをあの時点で、日本人がよく学んでいればと思いますが、そうはならなかった。三国干渉があったからです。「大砲と軍艦の数に相談する」とは伊藤博文の言葉ですが、明治政府はこれから本気になって軍国主義国家を目指していきます。

第二章　日露開戦への道

日英同盟を支持する外相・小村寿太郎(右)に対して枢密院議長・伊藤博文(左)はロシアとの協調を主張

日露開戦までの主な出来事

＊明治 28 年（1895 年）

4 月 23 日　三国干渉

5 月 4 日　日本、遼東半島全面放棄を閣議決定

＊明治 31 年（1898 年）

ドイツは膠州湾、ロシアは旅順・大連、イギリスは威海衛・九龍を清国より租借

＊明治 32 年（1899 年）

フランスは広州湾を清国より租借

＊明治 33 年（1900 年）

6 月 21 日　北清事変

＊明治 35 年（1902 年）

1 月 30 日　日英同盟調印

＊明治 36 年（1903 年）

12 月　海軍軍令部の地位が陸軍参謀本部と対等になる。日本、イタリアで建造中の巡洋艦二隻（のちの「日進」「春日」）を買い付ける

＊明治 37 年（1904 年）

2 月 4 日　日本、対露開戦を御前会議で決定

2 月 6 日　日本、ロシアに国交断絶を通告

日英同盟は必然だった

半藤　日露戦争へいく前に、大戦間の話を少ししておきましょう。日清間の講和が成立して一週間経たないうちに、ロシアが主導して、フランス、ドイツの三国が、「遼東半島を清国に返還せよ」と理不尽な要求をしてきます。いわゆる三国干渉ですね。満州と朝鮮半島を狙うロシアの横車であるのは明々白々でしたが、武力行使をちらつかせるロシアに対して、日本にもう一度、戦争をする余力は残っていない。泣く泣く、遼東半島を返還します。

松本　それが〝東洋の平和のため〟だと言うんですから、聞いてあきれます。

秦　しかも三年もしないうちに、ドイツは清国に迫って膠州湾《こうしゅう》（青島）を租借し、ついで翌年、フランスは広州湾を獲得します。遼東半島を返還させたお礼ということなのですが、ひどいのはロシアで、旅順、大連を含む遼東半島を租借したうえ、一九〇〇年の北清事変に乗じて満州に兵を入れ、事実上占領してしまいます。日本としては、そのロシアが次に朝鮮半島へ足を掛けてくるのは、時間の問題と判断しました。

半藤　今度は、はっきりとロシアが仮想敵になる。日清戦争勝利の喜びから奈落に突き落とされた日本は、〝臥薪嘗胆《がしんしょうたん》〟を合い言葉に、ロシアと戦えるだけの軍備を整えることに国の大方針が決まります。

原　日本は本当にたいへんでしたよ。ロシアはけた違いに強い。そのロシアを敵に回さなければならなかったんですから。

半藤　日本が本気だった証拠に、日清戦争が終わった翌年には、国家総予算の四割強を軍事費に充てています。戦時下の約三割より、さらに上げた。この戦争準備の大予算は、日露戦争までずっと続きますが、それに耐えた国民の意気はまさに奇跡であったと、司馬さんは『坂の上の雲』に書いています。

松本　その国を挙げての苦闘に光がさしたのが、明治三十五年の日英同盟です。これが開戦に踏み切るための大転換点になりました。

戸高　イギリスは「名誉ある孤立」を堅持していましたが、ロシアの膨張をもっとも嫌っていましたから、日本と利害が一致したということでしょう。

半藤　一八九四（明治二十七）年、ロシアはフランスと同盟を結びます。アジアにおける艦隊勢力を考えた場合、イギリス艦隊だけでは間に合わない。そこへ日本の戦艦六隻、装甲巡洋艦六隻で編成した「六・六艦隊」を足し算すると、露・仏のアジアにおける艦隊勢力に対抗できる。この理由により、イギリスは日英同盟を結んだ、との説をたてる人がいますが、私もその一人です（笑）。

松本　軍事面の問題だけでなく、当時のイギリスは、他国に先んじて帝国主義の成熟期に入っています。やみくもに自国の領土を拡張した時代は終わり、産業革命以降、急速に生産性の増した自国の商品を、世界中に輸出することで莫大な利潤をあげました。アジアでのお得意先は、清国、シンガポール、インドです。つまり、東シナ海を自由に航行できなければ、イギリスが展開する自由貿易に支障をきたします。

一方、西アジアでは、ロシアがアフガニスタンから南下して、イギリスの〝虎の子〟インドを狙っている。アジアのどこと手を組むかイギリスが考えた場合、これは日本しかないでしょう。

戸高　かつ日本には、イギリスの軍艦を次々に買い上げるだけの財力もある。それは嬉しかったと思いますよ（笑）。

日本の六・六艦隊のうち、巡洋艦の「八雲」と「吾妻」以外はすべてイギリスで建造されています。一八八〇（明治十三）年から一九〇四（明治三十七）年の間、つまり日清戦争の十四年前から日露戦争開戦までの期間に、イギリスが請け負った軍艦のトン数で比較しても、日本は十三・八万トンで、二位のチリ（二・七万トン）の実に五倍強です。
イギリスに限らず、世界各国が国外に発注した軍艦のトン数でみても、日本は十五・七万トンで、二位のアルゼンチン（五・一万トン）、三位のトルコ（四・九万トン）の三倍強です。

松本　日本は、イギリスの海事軍需産業の最大の顧客でした。

戸高　ですから日本がマーケットとしても、パワーバランスのパートナーとしても望ましい相手だったのは明らかです。
また、イギリスが六・六艦隊に供給した船は、イギリスから見ても最新鋭艦なんですね。兵器は普通、二流落ちしてから輸出するものですが、イギリスは日本に対しては国内でもトップクラスの戦艦を供給しています。新技術を外国の予算で試す目的もあったといわれますが……。

秦　それと、目に見えないところでイギリスは同盟国日本に重要な〝情報〟を提供している。これは非常に大きいと思いますね。

半藤　開戦目前の明治三十六年十二月、日本海軍はイタリアで建造中の、のちに「日進」と「春日」になる巡洋艦二隻をすべりこみで買い付けています。あれは発注者のアルゼンチンが売却したがっていると、イギリスが情報を流してくれたんですよ。

松本　あの二隻はロシアも狙っていた艦でした。軍艦は一隻造るのに何年もかかりますからね。日本が「日進」「春日」の二艦を大枚をはたいて手にいれた意義は十分にありました。

半藤　それにしても、明治三十年代、イギリスは戦艦を三十七隻、持っていたんですね。日本は六隻ですよ。

松本　日清戦争時の海軍力は、イギリスが世界一位で、アメリカが十六位、日本は三十二位でした。日露戦争の頃も、イギリスの海軍力が飛びぬけて世界トップである事実は、国際的に歴然としています。

半藤　当時の日本としては、仰ぎ見るような大国ですから、本気でイギリスが日本と同盟してくれるなんて誰も考えていない。さらに北清事変の後、ロシアはシベリア、満州に駐留する兵力を、十七万まで増強してきている。対する日本の兵力は、十万ぐらいです。

そう考えると、あの時点で「イギリスと組んだほうがいい」と見通した外務大臣の小村寿太郎と元老の山県有朋は、確かに慧眼ではありましたが、むしろ「ロシアと結ぶほうが戦争にならずにうまくいくのではないか」と、伊藤博文が考えたのもよくわかる。

秦　伊藤はリアリストですからね。それで主戦論者たちから「恐露病」と悪口されたりしていますが。

私は日・英が手を結んだのは、奇策でも何でもないと思うんですよ。日露戦争が終わった明治三十八年八月、第二次日英同盟を結びます。膨張するロシアに対抗するための、イギリスの希望は、インドの防衛、これに尽きる。それを日・英が共同作戦で実施するのが同盟の核心でした。

半藤　とはいえ、一般の日本国民はびっくりしたと思いますよ。

秦　しかし喜んだ。

松本　ロンドンに留学中だった漱石は、「金持ちと縁組みした貧乏人がうれしさのあまり、鉦《かね》、太鼓を打ち鳴らし、村中駆け回る」ようなものだと言って、冷ややかですけれど。

半藤　まあ、日本国内はそれに近い喜びようではありましたけどね。

戸髙　でもイギリスと同盟してなかったら、日露戦争は勝てなかった。

秦　私もそう思いますね。

戸髙　タイミングとしても絶妙でした。アメリカがさほど強くなっていなかったから、同盟がまとまった側面もある。もう少し時期が後ろにずれていたら、日英同盟にはアメリカが反対していたでしょう。実際に、後でアメリカの反対もあって日英同盟は破棄されてしまいます。

外交、諜報、戦費の調達

松本　日英同盟の締結では、駐英公使の林董《ただす》もがんばりました。外交や諜報活動の詳細は、時間がたたないと全貌をうかがい知ることはできませんが、革命派を支援してロシア国内の攪乱を狙った明石元二郎の工作をみても、日本政府は〝情報戦〟に、かなりの資金を投じています。

戸髙　あの頃の政治家や外交官は、藩または政府からの留学経験者です。外国がどのように見るか、どういう反響を国際的に及ぼすのか身に沁みてわかっていますから、対外的な手当てを実に丁寧にやっていますね。

これも真偽のほどはわかりませんが、明石が参謀本部に法外な予算を要求してきて、参謀本部次長だった長岡外史が、「戦争に負けたらいくらカネがあっても仕方がないから、好きなだけ送ってやれ」と言った逸話があります。

半藤　それでこそ、長岡外史です。別にヒゲだけが立派であったわけじゃない（笑）。

秦　明石に渡した工作費用が当時で百万円、いまに換算すると六百億ぐらい注ぎ込んだらしいから、そういう話があってもおかしくない。

松本　長岡の人気は巷でも、すごいんですね。井伏鱒二が回想録で、プロペラ髭の長岡さんはわれわれ少年のあこがれの的だったと書いています。

半藤　僕がこどもの頃だって、長岡外史の名前は知っていましたからね。

原　先を見る着想がいいですから。あの自慢の髭もそうだけど、スキーをやったり、気球とか伝書鳩とか……。

戸高　飛行機の普及に力を入れたりとか。

原　そういう点で目先がきく男です。

半藤　司馬さんも長岡自身のことはそれほど評価していないけれど、長岡の回想録の中身を、『坂の上の雲』の中ではかなり使っていますよ。

松本　開戦後、戦費調達のため、日銀副総裁の高橋是清を政府が送り出しますね。欧米諸国をまわって、ようやくロンドンで、利子六パーセントで外債を発行するところまで漕ぎつける。けれども、日本はすぐロシアに負けると誰もが思っているから、人気がなくて応募がない。そこへ初回の一千万ポンドの半分を引き受けたのが、全米ユダヤ人協会会長のジェイコブ・シフです。ユダヤ人を迫害しつづけるロシアを倒す助けになるのなら、という理由で日本の外債を買うわけですが、目のつけどころがいいんですよ。

半藤　あのときの外債で調達した資金は、八億円でしたか。高橋是清は若いとき、仙台藩からアメリカに留学して、奴隷として売られた経験がありましてね。数奇な体験で得た人種問題に対する感覚が、のちに祖国の戦費調達の道を拓こうとは、本人も夢にも思わなかったでしょう。

財界の渋沢栄一、近藤廉平を含め、あの頃の明治の人たちは、国際情勢を見ながら真剣に外債募集をやっていますよ。

秦　明治になってしばらく、日本に外国人教師が大勢きましたね。あれは高給を払って、一流の人材を連れて来たんですよ。陸軍大学校で教えたドイツ人のメッケルもその一人です。

半藤　ラフカディオ・ハーンも、ベルツ水のベルツもそうですね。

原　メッケルは日本の陸軍少佐の五倍の高給だったといいます。

秦　高いから教わるほうも一生懸命学ぶし、何より計画的なんです。優秀な人材を欧米に留学させて後継者を養成すると、一斉に交替させた。明治三十年頃までにほとんど日本人に置き代えてしまいました。

松本　東大で英文学を教えていたハーンも、夏目漱石に代わりました。ハーンさんは怒っていましたが。

秦　たくさん払ったように見えて、非常に効率的な使い方をしている。グローバルなどとお題目を唱えている今のほうが、よほど官僚化してケチケチしています。いまどき十五パーセントもの利息を払ってでも、なんて勇断はないですよ。

半藤　たいそうな高額で呼んだにせよ、日清戦争の勝利はメッケルのおかげもだいぶありますからね。これはぜひ言っておかなきゃいけない（笑）。

原　戦術教育もメッケルの指南です。

半藤　組織をきちっとつくり、軍隊の指揮とはいかにあるべきか、メッケルの薫陶をうけた軍人たちががんばったから、日本軍も強かったんです。

戸高　海軍も同じですよ。いいかげんだった海軍兵学校の教育が立ち直るのは、明治六年にダグラスが来てからです。一緒に来日したイギリス海軍顧問団からは、「この兵学校には将来、将校たる資質のあるものはいない」という声があがったぐらいひどい有様だったのをビシビシ鍛えて、日露戦争では有能な中堅指揮官を輩出しました。ダグラスは日本にサッカーを紹介したことでも知られています。

「恐露病」の伊藤と主戦論者たち

半藤　こうして軍備には金を惜しみなく投じ、国民は我慢に我慢を重ねて、日露戦争の直前には、陸軍は日清戦争のときの七個師団から十三個師団に、海軍は、総トン数がわずか六万トンしかなかったのが、四倍の二十五万トンにまで増えます。戦艦六隻、重巡六隻、軽巡三隻を含む、艦艇九十四隻をそろえた。外国から買った船が多いにしても、十年間で四倍とはよく造ったと思いますね。

松本　日本の海軍力は日清戦争時の世界三十二位から、第五位に躍り出ました。

半藤　それでも、ロシアの陸軍は七十五個師団も持っている。日本が十三個師団で、輜重兵など入れても、兵力二十四、五万人なのに対して、ロシアは一百万人です。日本が精一杯がんばって造った海軍ではありますが、ロシアはその二倍、旅順艦隊とバルチック艦隊の二大艦隊を擁しています。

原　日本にしてみれば、清国を相手にするのとは、比べものにならない緊張感だったと思いますよ。

秦　しかし、ロシアとの衝突は不可避という段階になってから、主戦論がどんどん出てきますね。伊藤、山県をはじめ、軍事力の差を知り抜いている作戦当局は自信がない。ところが、世論は「いまこそ戦え」と大騒ぎしています。

松本　〝帝大の七博士〟が有名ですね。対露武力強硬路線を迫って、東京帝大法科大学の教授七人が首相にあてて上申書を出したり、官邸に押しかけたり。玄洋社の頭山満も、伊藤博文に向かって、「国民はみな、もうやる気になっているんだ。ところが、やりたがっていない、一番の主がお前だ」と脅しをかけています。伊藤は「我々の心はきまっている」とこれまた曖昧な返事でおさめたらしいですが、内閣の方は戦争したがっていない。

半藤　伊藤の「恐露病」はかなりの重症ですからねえ。

戸高　恐露病でなくたって、ロシアと戦うなんて恐ろしいですよ。

松本　ロシア側もまた、強硬論者ばかりではなかった。陸軍大臣のクロパトキンや大蔵大臣のウィッテは非戦派に近い。とくにクロパトキン将軍は戦争の前年、日本を視察しに来ていますが、最後まで武力行使には反対していました。

ロシア皇帝のニコライ二世は皇太子時代、日本で巡査津田三蔵に襲われて重傷を負った過去がある（大津事件・明治二十四年）。しかし、彼個人の恨みというよりは、ロシア宮廷に巣食う強硬論者たち、朝鮮領有をそそのかす寵臣のベゾブラゾフや、初代極東総督のアレクセーエフにけしかけられていました。また、ドイツ皇帝のウィルヘルム二世が、極端な人種差別主義から、「東洋の猿を叩け」とニコライ二世を焚きつけていた面も看過できません。

秦　どの国も主戦論者と非戦論者とが入り混じり――そういえば軍人たちの開戦論者による突き上げのグループがありましたね、秋山真之も名を連ねていた……。

松本　「湖月会」ですね。陸・海軍の少壮軍人と外務省の強硬派による有志の会で、東京新橋の料亭湖月亭で会合していたことから、その名がつきました。

陸軍からは参謀本部総務部長の井口省吾《しょうご》少将、第一部長の松川敏胤《としたね》大佐、田中義一少佐、第二部長の福島安正少将。海軍は、軍令部第一局長・富岡定恭少将、山下源太郎大佐、八代六郎大佐、上泉徳弥中佐と秋山真之少佐、そして外務省からも、政務局長の山座円次郎と同書記官の本多熊太郎です。

半藤　錚々たる顔触れですな。

松本　彼らが、それぞれの持ち場で大臣や軍令部、参謀本部の上から下にまで開戦を説いてまわるんですから、強力な布陣ですよ。

戸髙　上泉中佐が戦後、その当時のことを語っています。山座政務局長が酔った勢いで、「伊藤を暗殺しちまわないと戦ができない」と妄言し、それが伊藤本人の耳に入って平謝りしたとか、上泉さん自身、夜、早寝の山本権兵衛の自邸に押しかけて激論し、「二十億の軍費はどうする」と言い返されたとか、はねあがり分子に近い挙動です（笑）。

半藤　まことに血気盛んですよね。上泉中佐は、当時もう引退していた樺山資紀にまで「たったいま、戦を始めなさい」と詰め寄って、「あんたの言うようにうまくいけば面白いけどねえ」といいなされたといいますが、相当な勢いだったんですよ。あの〝薩摩の猪武者〟が肉薄を恐れたぐらいですから（笑）。

戸髙　北洋艦隊の「定遠」「鎮遠」さえ恐れなかった樺山さんが（笑）。それにしても、主戦論者が言う、「やるならいまだ」の根拠は、一体どこにあるんでしょうか。

秦　建前としては、シベリア鉄道が全部開通する前に開戦しろということでしょう。二、三年先になると、ロシアとの間に歴然とした輸送力の差がついてしまうから、やるならいまだと。太平洋戦争のときもそうでしたが、反対者を説き伏せるのに、これは案外バカにできない理由づけなんですよ。

国民総生産（GNP）という概念は、当時ありませんでしたが、ロシアと日本のGNP

比がおおよそ十対一、太平洋戦争のときのアメリカと日本も、同じく十対一です。強硬論者にいわせると、どうせ戦争するなら、兵力差がこれ以上開いてしまう前に戦ったほうがいいと。このあたりの流れは太平洋戦争時とよく似ています。

半藤　太平洋戦争のときは、「いまなら勝てる」とまで言い切った（笑）。なぜなら「日露戦争は十対一でも勝ったじゃないか」と悪しき前例になってしまったんです。

松本　言い方を変えれば、〝国力が日本の十倍の相手〟なんですけどね。

原　それに国民感情として、我慢も限界にきておったのじゃないですか。ロシアと戦うために耐え忍んできたのに、戦争をやらないとは何ごとかと。

半藤　それは確かにあるでしょうね。十年近く、日本国民はピーピーしながら本当によくがんばったんです。

秦　しかし結果からみれば、政府は得をした。世論に背中を押されて、やむなく開戦に踏み切ったという〝国民戦争〟の形をうまくとることができたわけです。

海軍の独立

半藤　開戦前年の明治三十六年、山本権兵衛海相の主張で、海軍軍令部の地位を陸軍の参謀本部と対等の立場にします。戦時大本営で陸軍参謀総長と海軍軍令部長は二人とも天皇の幕僚長となったのです。陸・海軍の協調を考える上で、あれは非常に重要な決断でした。

松本　陸軍の大御所、山県有朋がよく受け入れましたね。

戸高　相手が権兵衛だったからできたことでしょう。

松本　後世の私たちから見れば、確かに権兵衛さんは大物ですが、山県から見れば、ひよっ子みたいなものです。かたや元帥、かたや中将(開戦後に大将へ進級)、格がはるかに違いますからね。とても任せられないと思ったとしてもおかしくない。

秦　山県があのとき海軍の要求を呑んでいなければ、陸軍と海軍の間の雲行きはあやしくなっていたでしょうな。

戸高　そういう意味で、山県は偉いです。

半藤　山県という人は、日露戦争が終わるまでは本当にエラい人物なんです(笑)。

原　海軍を独立させる問題は、明治三十二、三年ごろから話が出ていて、やりとりした文書が数多く残っています。桂太郎が「海軍が陸軍と同等になるなど、怪しからん」と猛反対していましたが、戦争が目前になって、もう決断しなければならない時期がきていたんです。

松本　陸軍と海軍とでは、人員や組織の規模が違いますからね。

原　それと、戦争で最終決着をつけるのはあくまでも陸軍であるという、プライドの問題（笑）。

秦　日清戦争のときは、陸軍出身の小松宮彰仁親王が単独の参謀総長で、海軍軍令部長はその下につきましたが、結局、うまく機能しなかった。

半藤　あのときは、川上操六という凄腕が参謀本部次長にいましたからね。川上は日清戦争のあと、五十歳の若さで死んでしまいます。

秦　日露戦争ともなれば、海軍の占める比重は、陸軍とほぼ同じといってもいい客観条件になりますから、海軍の独立は不可避な結果でしょうね。

半藤　ロシアの艦隊の数だけ考えても、大戦争だということはわかりますからね。

秦　そこで、単独の大本営参謀総長を置くとすれば、山県以外に考えられない。さりとて、海軍の誰かを軍令部長として下につけ、命令を下して作戦を遂行させるほどの自信は山県にはない。

戸髙　権兵衛が主張したのもまさにそこで、海軍の作戦は非常に緻密で独自のものだから、それを熟知しない陸軍に縛られたままでは、戦争はできないとがんばったわけです。
秦　誰かに命じてやらせるなら、乃木さんのほうがまだましですよ。
半藤　エッ、なんで、ここで乃木さんが出てくるの!?
秦　戦術はわからなくとも、徳でもって統率する（笑）。もっとも山県に人徳がないことは本人も承知していました。

「運のよい男」東郷平八郎

戸髙　連合艦隊司令長官には東郷平八郎が抜擢されるのですが、明治三十六年の十一月、寺垣猪三大佐（のち中将）が、東郷さんと佐世保の九十九島に鯛釣りにいったエピソードが面白いんです。寺垣さんは日本海海戦で「敷島」の艦長として活躍した人です。東郷さんが汚い鞄から両端が天秤になった道具を出してきて、漁師が「そんな道具では釣れませんよ」と言う。それでもいいからと釣り始めると、すぐに両鉤に鯛が二匹かかった、しかもそのときの餌は海老だったというんです。
松本　まさに海老で鯛を釣った（笑）。
戸髙　漁師が不思議がると、いつもは無口な東郷さんが「うん、やれば勝つ」、「ロシアなんぞ恐れるものか、この通りだ」と言い、その内なる決意のほどが知れたと。その日は二百匹も鯛が釣れたそうですよ。

半藤 そこはほら、山本権兵衛が明治天皇に上奏したとおり「東郷は運のよい男でございます」から（笑）。

秦 開戦前後に、昭憲皇后が瑞夢を見た話も有名でしょう。葉山の御用邸に滞在していた皇后の夢枕に白衣の武士が現れて、日本海軍を守護すると誓ったそうです。この武士が誰かというと、かの坂本龍馬なんですよ。

半藤 「わたくしが創建した海軍によって国を守ります」と言ったというんですけど、創建もなにも海援隊は商売じゃないですか（笑）。

秦 皇后から話を聞いた宮内大臣の田中光顕が、龍馬の写真を皇后に見せると、ああこの男でしたと答えたというんですな。田中は、薩長閥に対抗して土佐派の巻き返しをはかった男ですから、後々、あれは田中のつくり話ではないかと言われた。断固、本人は否定していますけどね（笑）。

原 田中光顕は、龍馬が暗殺された現場にいち早く駆けつけ、中岡慎太郎から話を聞いています。彼も戊辰戦争の生き残りです。

半藤　日本国民が〝坂本龍馬〟という名前を知ったのは、あの夢の話の後からなんですよ。

松本　自由民権運動が盛んだったころ、高知の「土陽新聞」に龍馬の伝記小説ともいえる『汗血千里駒』（明治十六年）が連載されました。その人気は、一部では知られていたようですけどね。

半藤　でも、ほとんどの国民は知らなかった。薩長政府も長い間、龍馬の存在を無視していましたから。それが皇后の瑞夢の話が新聞に出たり、唱歌になったことで坂本龍馬の名が一気に全国へ広まって、国民的英雄になったんです。

原　京都の霊山護国神社にある龍馬のお墓の前には、忠魂碑まで建てられた。

秦　瑞夢の話は『明治天皇紀』にわざわざ書いてあるぐらいですから、まったくでたらめな話ではないと思うんです。開戦直前というのが、ちょっと話ができすぎている感じもしますけれどね。

松本　昭憲皇后がこういう夢を見たと誰かに話したときに、「どんな姿かたちでございましたか、ああ、それは坂本龍馬という者に他なりません」と耳に入れた輩が、きっといたんでしょう（笑）。

秦　そこに何らかの作為があったと（笑）。いずれにせよ、ロシアと戦って勝てるのか、皇后までが不安に頭を悩ませていたことがわかります。

五回にわたる御前会議

半藤　日本の為政者たちが悪戦苦闘を続けていた最中、明治三十七年二月四日の開戦決定まで、計五回の御前会議が開かれています。その前日の二月三日、軍の幹部が上奏し開戦の意思を伝えると、明治天皇はひどく心配して、四日の午前中、枢密院議長の伊藤博文を宮中に呼ぶんです。

松本　『伊藤博文伝』には、「あらかじめ卿（伊藤）の所見を聞きたい」とお言葉があったので、「万一、わが軍に利あらず敗れるようなことがあれば、畏れながら陛下におかせられましても、重大なるご覚悟あらせらるる必要の生ずるときがあるかも知れませぬ」と御前にひれ伏してお答えをしたと。

そして、午後二時半からの御前会議では、伊藤、山県、大山、松方正義、井上馨らの元老と、首相の桂太郎、蔵相・曾禰荒助、海相・山本権兵衛、陸相・寺内正毅、外相・小村寿太郎らが粛然と会する中、伊藤が、「これから数十年前の書生に帰ったつもりで、ご奉公するつもりでございます」とふざけてみせて場がなごんだ、といいます。

半藤　天皇は夜通し、考えを巡らせていたんでしょう。太平洋戦争のときも、開戦を決める御前会議の前に近衛文麿が行って、昭和天皇と似たようなやり取りをしています。

秦　天皇にとって、二千六百年という脈々たる天皇家の歴史を残すことが最大の関心事です。当時は国民の人気をとらなければ、立場があやうくなるという危機感もないですし、やはり安全第一と考える方にいきますよ。

半藤　まず護るべきものは皇統と、それから三種の神器であると。

秦　その通りです。

松本　日清戦争のとき、明治天皇が広島大本営に入りますね。軍服姿でサーベルを提げ、白馬に乗って大本営へ行く天皇を、大正天皇の生母の柳原二位局が見て、「なぜ、帝がそんなことをするのか、軍事や財政や行政というものは下々のものがすることである」と涙を流したといいます。

半藤　「そんなものに巻き込まれると、皇室の将来があやうい」と言ってね。

秦　皇統を継ぐ者としては、当然の反応でしょう。開戦が決まった後、天皇が周囲の者たちに、「今回の戦は朕が志にあらず、然れども事既に茲《ここ》に至る」と発言したと、『明治天皇紀』にありますが、天皇が最後まで戦争に反対した、だから明治天皇や昭和天皇が生来、平和を好む人であったというのとは、ちょっと次元の違う問題だと思います。

松本　司馬さんも天皇の言動を書かないのです。『坂の上の雲』では、五度にわたる御前会議のことも一度も出てきません。天皇のいわゆる〝美談〟は意識的に避けるという意図もあるのでしょうが、そこは徹底しています。

戸髙　天皇に関わる話は、どうしても〝もれ承る〟のが多くなりますから、事実がどうか、判断つきかねますしね。

秦　明治天皇の話は乃木さんのところでまた出るでしょう。

半藤　二時間の長きに及んだという最後の御前会議でしたが、二月四日午後四時半、日本は戦争を決意しまして、外相の小村寿太郎が駐日ロシア大使ローゼンに国交断絶を通告することになります。こうして日露戦争が始まります。

第三章　鴨緑江の戦いから黄海海戦へ

旅順口閉塞作戦で戦死した広瀬武夫中佐（左）、日本陸軍の最右翼で開戦直後の快進撃を支えた黒木為楨第一軍司令官（右）

日露戦争前半の主な戦い

＊明治37年（1904年）

2月6日	連合艦隊、佐世保港を出港
2月8日	連合艦隊、旅順港を奇襲攻撃
2月9日	瓜生戦隊、仁川沖海戦に勝利
2月10日	日本、ロシアに宣戦布告
2月24日	第一次旅順口閉塞作戦
3月27日	第二次旅順口閉塞作戦で広瀬武夫少佐戦死
4月13日	マカロフ提督の座乗艦が日本軍の機雷により爆沈、提督は戦死
5月1日	日本第一軍、鴨緑江を渡河し、九連城を占領。旅順攻略のため第三軍が編成される
5月3日	第三次旅順口閉塞作戦も失敗に終わる
5月26日	日本第二軍、金州・南山を占領
7月26日	日本第三軍、旅順要塞攻撃開始
8月10日	連合艦隊、黄海海戦で旅順艦隊に逃げられる
8月14日	上村艦隊、蔚山沖でウラジオ艦隊と交戦（蔚山沖海戦）

始まりは、旅順港への奇襲

半藤　日露戦争の幕開けは二月八日の旅順港奇襲作戦です。

秦　奇襲で始まりますか（笑）。

戸髙　そういう点で、日露戦争と太平洋戦争はよく比較されますよね。同じように奇襲に始まり、旅順戦は明らかにソロモンの消耗戦だし、決戦の日本海海戦はレイテ沖海戦であると。残念ながら勝敗が逆転しているのですが。

松本　東郷平八郎司令長官率いる連合艦隊は、二月六日、佐世保を出港し、旅順に向かいます。一方、陸軍の上陸部隊を護衛して朝鮮の仁川へ向かったのが瓜生外吉司令官率いる第二艦隊第四戦隊です。

秦　主力艦隊は旅順を目指す。その動きをロシアや他の国に気取られないよう、仁川港に停泊を続け、オトリの役をしていたのが、三等巡洋艦の「千代田」です。

半藤　あれは可哀相なんですよ。単艦で留めおかれてね。

松本　開戦のタイミングいかんによっては、仁川にいるロシア艦から一斉砲火を浴びることになる。

秦　七日深夜、港外へ出た「千代田」は翌朝、瓜生艦隊と合流します。そして、再び仁川港にもどり、ロシアの巡洋艦「ワリャーグ」と砲艦「コレーツ」との間に戦闘が起きます。

松本　仁川は中立港で、他国の船も多数停泊しています。ロシアの船を沖合に誘い出さないかぎり、交戦できない。そこで瓜生外吉司令官が、ロシア艦に対して二月九日の正午までに港外退去するよう求め、聞き入れない場合は、港内にあっても攻撃を加える旨、通告します。刻限の正午間際に、出てきた「ワリャーグ」と「コレーツ」に、港外で待ちうけていた巡洋艦「浅間」が砲撃を開始。損傷を負ったロシア艦は仁川港に逃げ込み、「ワリャーグ」は自沈、「コレーツ」は火薬庫に火を放ち、爆沈しました。

原　前哨戦ながら、日露戦争の初勝利を飾りました。

松本　黄色人種の日本人が白人を破った最初の戦いでもあります。

半藤　日本がロシアに宣戦布告をするのは二月十日ですが、この海戦は、瓜生さんがきちんと〝果たし状〟を渡していますから、真珠湾攻撃のような無通告開戦ではない。

秦　日本側としては、この戦闘のことは、電信で旅順にいるロシア艦隊へすぐに報告される。うまくいけば、旅順艦隊が黄海に出撃してきて、連合艦隊とぶつかる——これが当初の想定でしょうか。

戸髙　そう、理想的な形です。

秦　ところが、旅順艦隊はすぐに臨戦態勢に入るかと思いきや、連合艦隊の駆逐隊が旅順港入り口に接近したときには、戦艦の蒸気も止めていた。幹部連中は陸に上がって、夜中まで踊り狂っていたというんでしょう？

松本　そう言われてますね。

秦　八日がちょうどマリア祭の日だとかで、マリアという名のつく女性を囲んでお祝いをする。旅順艦隊のスタルク司令長官夫人が、マリアなんです。だけど、開戦近しともなれば、そんなことはどうでもいいはずなのにね。

戸髙　日曜日の真珠湾みたいですね（笑）。

少し整理してみますと、仁川港の「千代田」に国交断絶の電報が届いたのは、二月五日のことです。六日からは停泊中のイギリスやイタリアなど他国の軍艦の間に噂が広まり、「ワリャーグ」の艦長は京城の大使館や、旅順の司令部にあてて電報で問い合わせても、返事がこない。京城のロシア公使館に出向き、「この一週間、なんの電信も受け取っていない」と聞いて、これは日本側に通信を妨害されたと気がつくわけです。他国の通信を通じて、仁川のロシア艦が国交断絶を知ったのは、二月九日の午前八時半でした。

秦　そのときには旅順の奇襲攻撃は終わったあとだった。とはいえ、ロシア公使館から不穏な状況は伝わっていたでしょう。それを放っておいたのをみても、旅順側には「これで戦争になる」という意識が低かった。

半藤　ロシア側は、弱小国の日本がすぐに仕掛けてくるとは、つゆ思わなかったんじゃないですか。自分たちは大国ですから。

松本　でも、旅順の奇襲攻撃はそれほどうまくいってないんです。あの夜、ロシア側は油断しきっていて、港外に停泊している艦隊に、水雷防御網も用意させていなかった。その上、主な指揮官たちはマリア祭で不在です。敵が無防備という絶好の条件下にありながら、駆逐艦を投入した魚雷攻撃で、日本側は一隻も沈めきれず、翌日の旅順口外での戦いでも、戦果を得ていません。

戸髙　駆逐隊の夜襲攻撃により、ロシアの戦艦「ツェザレウィッチ」「レトウィザン」と、巡洋艦「パルラーダ」を行動不能にはしましたが、まあ、失敗ですね。

不完全な閉塞作戦

半藤　ロシアの太平洋艦隊は、旅順に本隊を、ウラジオストクに支隊を置いていました。日本から大陸に兵力を送るには、まず制海権をとらなければならない。その最大の目の上のタンコブが、旅順のロシア艦隊ですから、とりあえずこれを叩く。ここまではっきりしているんですが、それ以外のプランが戦前に煮詰っていなかった感じなんですね。

戸高　『極秘明治三十七、八年海戦史』――これは公刊戦史に対し、海軍軍令部が一切の脚色を廃し、事実に基づいて編纂した記録ですが、この中に、東郷さんが軍令部長の伊東祐亨大将と交わした私信が残っています。

それを読むと、明治三十六年十二月の時点で、旅順口外での奇襲や、閉塞作戦など、実施された作戦の内容がそのまま記されている。また、開戦直前の明治三十七年一月末に東郷さんが提出した意見書には、「第一、第二駆逐隊をして旅順口港外敵艦隊を襲撃」させる作戦がはっきり示されています。

半藤　そこまでは決まっていたということですね。

戸高　東郷さんも、「容易には出てこないと思われる」と私信に書いているように、ロシア艦隊が港の外に出てくるかどうかが、勝負の分かれ目でした。

日本の海軍は、「戦いとは、正々堂々戦うもの」という先入観が強くて、その信念に従って作戦を動かします。閉塞作戦についても、もし敵が出てこない場合にどうするか、事前に十分なシミュレーションをしないまま、どこかで「自分の方が出て行けば、相手も出てきて海上対決になるだろう」と考えていたふしがあります。

秦 それが実際には、奇襲の成果が上がらず、決戦になりそうもないので、閉塞作戦にはいったと……。

戸高 結果的にはそうですね。この旅順戦では、日本海軍はドタバタするんです。その場、その場で閉塞戦を決めたり、作戦を変更したり、事前によく考えられた作戦とはとても思えない。

半藤 そのつど、作戦を変えてるんですね。

戸高 秋山（真之）さんの作戦をつかう初めての機会でしたし……。

松本 しかし、日本の海軍が基地にしているのは仁川で、ロシアは旅順です。いざ戦闘となれば当然、遭遇戦になるわけですし、最初から機雷をしかけておく手もあったんじゃないですか。事実、それが一番効果があがったんですから。

半藤 機雷敷設はだいぶ後なんですよ。考えたのは、「吾妻」艦長の藤井較一《こういち》大佐ですが。

戸髙　旅順の閉塞作戦に関しては、明治三十一年、秋山真之が観戦武官として米西戦争に行って、キューバのサンチャゴ港で行なわれた封鎖作戦を実見したことが、大いに役に立ったという話になっています。けれど、もし閉塞作戦が最初から頭にあったのであれば、開戦直後からあの周辺に機雷を敷設してから閉鎖するとか、作戦のパターンがもう少し明快にあってもよかった気はします。

秦　世界初というんですが、サンチャゴの封鎖だって成功していない。ホブソンという若いアメリカ人の機関士官が発案して、自ら飛び込んでいますが、汽船を縦方向にしか沈められず閉塞に失敗しています。

松本　その封鎖作戦を、日本は三度も試みたわけです。

戸髙　〝不完全な〟作戦をですね。

松本　そう、非常に不完全なんです。発案者の連合艦隊参謀の有馬良橘《りょうきつ》中佐も、二度出撃しましたし、広瀬武夫少佐を始め、決死隊もよく戦ったんだけれども、残念ながら、あれは成功したとは言いがたい。

原　決死隊の志願者を募ったところ、一回目が二千人、二回目は六千人、下士官兵たちが即時に申し出て、選ぶのに困ったといいます。「明石」の甲板では、投票箱に志望者が殺到して奪い合いになり、しまいには副長が箱をとりあげる騒ぎになったとか。そこから、第一回は六十七人、二回目は五十人にしぼって閉塞に出撃しましたが、みんな大変な覚悟で戦っていたのがわかりますよ。

松本　まったく同感です。一度目の閉塞が二月二十四日未明、二度目が三月二十七日の未明——この二回目の閉塞作戦で「福井丸」を指揮した広瀬少佐が、敵駆逐艦の砲撃を受け、戦死したんですね。

その後、第二軍の上陸を控え、いよいよ旅順港を塞がなければと五月三日未明に、三度目の閉塞を決行します。「新発田丸」以下、十二隻を使った大規模な封鎖でしたが、このときも目立った成果はあがらなかった。

秦　要するに、港口の通行が可能な状態がずっと続いたわけですよね。その意味では、ロシア艦隊を港内に封じ込めるという当初の目的は達せられなかった。

半藤　結局、ぜんぶで何隻沈めたんでしたかね？

戸髙　十七隻です。ことごとく、航路をはずれた場所に沈んでしまいましたが。

松本　向こうが水雷を撃ってくれれば、そのまま当たるような距離ですから、湾口ぎりぎりの場所に沈めるのは、非常に困難です。

原　それに旅順要塞からは、海に向かって大砲がずらりと並んでいる。閉塞隊が闇に紛れて近づいても、探照灯がたえず海上を照らしていますし、敵の砲弾が雨あられと降ってくる。

秦　あの探照灯を浴びると、まったく目測が利かなくなるらしいですね。船の操縦が不能になる。だからこそ、一度目に成功させなければいかんのですよ。厳しいことを言うようですが、二度目からは、向こうの防備が強固になる一方ですから。

原　はたしてどの程度、そのあたりのことを見積もって作戦をやったのか。

秦　緻密性に欠けますよね。

原　海軍はこのあと、乃木さんの第三軍をせっついて、旅順要塞の攻略をくりかえし要請してきますが、あれは閉塞作戦がだめになったから、「陸から何とかしてくれ」という意味ですね。

戸髙　太平洋戦争もそうですが、日本の作戦は、概して〝主観的〟です。自分の都合を中心に考えて、相手がどう考えているか、どう反応するかについての考慮が少ない。この旅順口閉塞作戦についても、それがいえると思います。

広瀬武夫の戦死と七生報国

半藤　二月から五月にかけて、三度行われた旅順口閉塞作戦の、一番のハイライトといえば、やはり広瀬少佐の「杉野はいずこ」でしょう。

松本　二月二十四日の一度目のときは、閉塞におもむいた五隻のうち、広瀬が指揮する「報国丸」だけが、港口近くに進入し、自沈に成功しました。しかし、入り口を塞ぎきれなかったため、三月二十七日、二回めの閉塞作戦を決行する。広瀬はこのとき「福井丸」の指揮をとって再度、港口を攻め、「千代丸」の爆沈するのを見て、その左側に投錨しようとしますが、ロシア駆逐艦の魚雷が船首に命中し、沈み始めた。

乗組員はボートに乗り移り、船を離れようとしたが、上等兵曹・杉野孫七の姿が見当たらない。広瀬が船内にもどり、杉野の名を呼びながら船底まで捜すも、返事はなく、その間も「福井丸」はどんどん沈んでいく。やむなく杉野の捜索を断念し、ボートを出発させ、爆発のスイッチを押した。そして、敵の砲弾の雨のなか、ボートを漕ぐうちに、敵の砲弾が当たり、一瞬にして広瀬の身体が消えたと――。

戸高　東郷長官が、大本営に提出した報告書には、「一巨弾、中佐の頭部を撃ち、中佐の体は一片の肉塊を艇内に残して海中に墜落したるものなり。中佐は平時においても、常に軍人の亀鑑《きかん》たるのみならず、その最期においても、万世不滅の好鑑を残せるものと謂《い》うべし」とあります。

松本　広瀬武夫を送るにふさわしい、見事な報告文ですね。

半藤　太平洋戦争中、「七生報国」という言葉が流行りました。学徒動員の女学生たちはみな「七生報国」と書いた鉢巻をしめて作業していました。この言葉はどこからきたのかと由来を調べてみましたら、もとは『太平記』なんです。

松本　ただ、『太平記』では「七生滅敵《しちしようめつてき》」ですよ。楠木正季（正成の弟）の「七生までただ同じ人間に生れて朝敵を滅さばや」という最期の言葉からきている。

半藤　あのころは、〝国に報いる〟なんて概念はあるはずがないんです。それを誰が「七生報国」に変えたかというと、この広瀬少佐なんです。二度目の閉塞作戦に出撃する前の三月十九日、兄と慕う「浅間」艦長の八代六郎大佐にあてた書簡に、漢詩を残しています。

再び旅順口閉塞に赴く、と前書きして、

「七生報国　一死心堅　再期成効　含笑上船　　武夫」

と。
真珠湾攻撃で、特殊潜航艇に乗りこみ名誉の戦死を遂げた〝九軍神〟の一人も同じように出撃前に「七生報国」と書いています。だから、決死隊に赴くときは「七生報国」なんです。

秦 広瀬武夫はいいとして、楠木正季のことばは誰か聞いた人がいるんですか。

半藤 一人もいませんよ(笑)。兄貴の正成も弟と刺し違えて死んでしまった。そのほか一族十三人、手の者六十余人は念仏を唱え終わると、「一度に腹をぞ切ったりける」で全員があの世にいってしまっている。

秦 『太平記』の創作でしょう。

松本 三島由紀夫さんが市ヶ谷で自決した際も、「七生報国」と書かれた鉢巻を締めていました。遺作になった『豊饒の海』の第一部『春の雪』は、日露戦役写真集の「得利寺附近の戦死者の弔祭」という写真について語られるシーンから始まっています。あれは偶然なのか、あるいは三島さんの頭の中に、同じ日露戦争で戦死した広瀬少佐のことがあったのかもしれませんね。

上陸後の基本計画

半藤　いよいよ五月に陸戦が始まります。

秦　最初が鴨緑江の渡河作戦、次いで金州・南山の戦いです。ここで基本戦略についても論じておきましょう。

松本　第一軍司令官は、黒木為楨《ためもと》大将、第二軍司令官が、奥保鞏《やすかた》大将。第一軍は朝鮮半島に上陸し、中朝国境に展開するロシア軍を撃破する、いわゆる鴨緑江攻めですね。

半藤　朝鮮側、つまり右側から北へ向かいます。

松本　一方、第二軍は左側、遼東半島から北上し、遼陽を目指す。第二軍の最初の目標は、金州および南山の占領でした。

秦　そして、乃木希典大将の第三軍が旅順包囲戦を受け持ち、野津道貫大将率いる第四軍は、第一軍と第二軍のあいだを縫うように、遼陽へ進軍していきます。

半藤　第一軍・黒木、第二軍・奥、第三軍・乃木、第四軍・野津、この顔ぶれはどうですか。

原　一軍、二軍はやはりベストでしょうね。二人とも戊辰戦争からの生き残りで、戦上手では定評があります。野津さんは六十代前半で、この四人の中では年長者ですね。

秦　開戦の時点では、まだ第三軍を旅順に向ける構想はなかったんですが。もっぱら、閉塞がうまくいかない海軍の要請によるものです。

松本　海軍としては、陸から旅順要塞を攻めてもらって、ロシア艦隊を港外に追い出し、撃破するしかないという考えです。

秦　遼東半島の南部に位置する金州・南山ですが、旅順はさらに約百キロ南方の、まさに突端にある。第二軍の進路の横っ腹になりますから、児玉源太郎は、旅順について最初は「竹矢来でも組んでおけばいい」と言っていた。つまり、第二軍が南山を占領して防備線を張ったら、あとは北上して満州平野で大決戦と、そうした心づもりだったわけです。

黒木第一軍、鴨緑江渡河に成功

松本　明治三十七年五月一日、黒木大将率いる第一軍は鴨緑江を一気に渡り、一日のうちに九連城も攻略します。

日本は最初から、鴨緑江を攻めるつもりでしたから、先鋒の第一軍にはふんだんに兵力が与えてあった。日本軍が四万人強で、ロシア軍は二万弱でしたか。圧倒的に数でまさったのは、この鴨緑江と南山の戦いだけでしょう。

秦　局所優勢ですね。

松本　それでも緒戦で勝てば、日本軍に対する海外での評価につながると大本営は期待をかけていました。

戸高　黒木軍勝利のニュースに、日本の外債の人気があがります。

秦　黒木為楨は非常に運がいいんです。その後も第一軍はあまり損害を出さずに、常に勝敗の鍵を握りました。最右翼を行きながら、最後まで、重要な局面で決定的な役割を果たしていきます。

松本　一方、第二軍の南山戦（五月二十五日〜二十六日）では、急造の要塞と機関銃による反撃に、ひどく手こずりました。

半藤　緒戦から大苦戦ですよ。

松本　南山は標高百十六メートル、旅順とは比べものにならないにしても、このロシア軍の要塞も、山全体がなかば要塞化されていて、砲台場の高さが百メートルぐらいある。そこを日本軍は、なんとか山にとりつこうと、三万六千の兵と砲二百門で攻めますが、ビクともしない。

戸高　対する向こうの大砲の数は七十門です。けれども、塹壕と地雷原と鉄条網が張りめぐらされていて、前進してくる日本兵を、たちまち機関銃で粉砕する。

松本　ほとんど肉弾攻撃ですよ。

半藤　日本は、ロシア軍が堅い防備を敷いていることを想定していなかった。偵察を入れてみて、南山の要塞の様子を知った第二軍が、「いそいで攻城重砲を送ってくれ」と要請すると、参謀本部は「その必要なし」と返事します。拒否じゃないんです、送っても間に合わないから早く攻撃せよと。

原　必要も何も、送ってやる砲がない。

戸髙　日清戦争で使った全砲弾の数を、一日で使い果たしたといいます。

半藤　とにかく、敵の堡塁を軽視していましたよ。戦争前に、ロシアがどれぐらい鉄壁の城壁を築いているかについて、認識が甘かったと思います。

秦　多少同情的にいえば、南山は、旅順の出城みたいなものです。ロシア側も、要塞司令官のステッセルが、遅ればせながら防備の重要性に気がついて、開戦後の二、三カ月で工事をすすめて速成したという面もある。この開戦してから強化したという要素は見過ごされがちですが、重要な点です。

機関銃攻撃を浴びた南山の戦い

松本　第二軍司令部副官だった石光真清《まきよ》が、「わが軍が機関銃という新兵器を体験したのはこれが初めてだ」と書いていますが、向こうが持っていることも知らなかったんでしょうか。ガトリング砲と呼ばれていた機関銃が日本で最初に使われたのは、北越の長岡戦争のときです。石光は密偵だったんですから、それぐらい知っているはずだと思いますが。

原　ロシアが使った機関銃は、越後長岡藩の河井継之助が撃ったガトリング砲とはもちろん違います。日露戦争の頃は、機関銃を機関砲と言ったんですね。日本でも機関砲の訓練をしていますから、まったく知らないわけではない。ただ、機関砲は、防禦的に用いるほうが使いやすい。それを南山の戦闘のように、攻撃に使うことは視野に入れていなかったと思います。

戸髙　機関銃と呼ぶと軽快に使えそうですが、当時の機関砲は大きくて重たいので、車輪のついた台座に据えつけてあります。無論、日本軍も保有していました。

秦　日本軍では秋山好古の支隊だけが、ロシア軍と同じ機関砲をもっていたんでしょう？　確かによく活用していますね。

松本　繋駕《けいが》式速射機関砲ですね。騎兵隊とは本来足を使い、機動力を生かすべき部隊ですが、秋山隊は馬を下りて、一カ所に留まって、機関砲を撃ったりしています。

半藤　防備陣ですね。いろいろ制約がある中で工夫していますよ。

松本　南山戦の死傷者は、この一戦だけで四千三百人に達しました。

戸髙　あがってくる戦況報告を聞いて、参謀本部はゼロがひとつ違っているのではないかと疑ったといいます。近代戦の恐ろしさですね。

松本　悲惨な戦況に活路を拓いたのは、第四師団長の小川又次です。敵の左翼に隙があるのを看破して、奥軍司令官がそこに最後の力をふりしぼって攻撃をかけた。

戸髙　海軍も金州湾から艦砲射撃をして、それを援護しました。

半藤　結果的にロシア軍が退却したので、たった一日で、南山要塞を落とした格好になったわけですが、日本軍は被害甚大でした。

松本　南山の戦いの犠牲者のなかには、乃木希典の長男・勝典《かつすけ》も入っています。小隊を率いて金州城の東門付近に差し掛かったところで、機関銃に撃たれて戦死した。その報を受けた十日後、第三軍司令官として同じ場所に立った乃木が詠んだ詩が、有名な「金州城外の作」です。

「山川草木《さんせんそうもく》　転《うた》た荒涼／十里風腥《なまぐさ》し　新戦場／征馬《せいば》前まず《すす》　人語らず／金州城外　斜陽

に立つ」

半藤　僕らは学校で習いましたが、あれは本当にいい詩ですよ。

松本　昔、江藤淳さんと対談した折、「あれが日本の漢詩の最後です」とわたしが言うと、江藤さんが朗々と歌い始められました。

原　南山には昔、この詩の碑が立っていました。第二次大戦後に倒されましたが、碑のほうは旅順の博物館にあります。南山にはいまも台座だけが残っています。

簡単に考えていた旅順攻略

秦　原さん、陸軍の対満州作戦構想はどうだったのですか。

原　一番問題なのは、「どこで決戦するか」でしょう。当時の戦略では、遼陽付近で大兵力をもってロシア軍主力とぶつかることぐらいしか、目途が立っていない。

秦　旅順については、なぜ、当初児玉が描いていた「竹矢来軍」を、もう少し洗練された形にして対処しなかったんでしょうね。第三軍は旅順要塞を攻めなくても、陸上から封鎖するだけで足りたと思うんです。

半藤　最初の作戦計画では、大本営はそのつもりだったんですよ。南山を押さえたら、まっすぐ遼陽めざし北上する、旅順には深入りせずにそのまま置いておくと。

秦　ところが、旅順の力攻めを始めたわけですよ。ロシアの旅順要塞司令官は、後に水師営の会見で有名になるステッセルですが、彼には旅順から出撃して、満州軍の後背を突くというような積極精神はなかったのでしょう？

原　なかったと思います。

秦　それならば、万に一つ、ステッセル部隊が出てきたときのために、旅順の前面に陣地をつくり、半永久的な野戦築城をして、そこで防ぎ止める算段をすればよかった。あそこで、あえて旅順の力攻めに転じたわけがわからんのですよ。

半藤　南山であれほどの苦労をしながらも、最後には落とした。ロシア軍がものすごい堡塁を築いていても崩せると思ったのかもしれません。

秦　また〝学ばない日本軍〟ですか。しかし、南山では懲りたはずなんです。

半藤　懲りないんですよ、日本軍は。懲りるどころか、洒落のめしてるじゃないですか。「奥（保鞏軍司令官）さんは南山（難産）で苦労する」などと言って（笑）。

松本　ものすごい難産だったのは確かですけどね（笑）。

秦　海軍に義理を立てすぎたのかな、とも思うんです。旅順艦隊が生き残ったまま、バルチック艦隊と合流したら討ち取るのがよりむずかしくなるから、その前に陸攻めをしてくれと海軍は希望する。これに対し、児玉は終始、冷たいですよね。「それは海軍の勝手な言い分だ」と言って。

原　しかし、海軍は最初のうちは旅順攻めを海軍独自でやると言っていたのです。

戸髙　とはいえ、海軍も事前の調査が悪いと思うのは、例えばスタルク旅順艦隊司令長官に代わったマカロフは、過去の戦歴をみても、いわゆる決戦主義者ではないんです。彼が「艦隊温存主義（fleet in being）」者であることを計算に入れれば、持久作戦に出て、海上決戦にはならないと読めていいはずだった。

それを決戦志向の日本が、自分に都合のいいように考えるから、「港から出てこない、出てこない、それならば……」と、少し遅れた封鎖作戦で失敗している。相手がマカロフだったら、「これはなかなか決戦にはならないかもしれない」と判断して、真っ先に封鎖してしまえばよかったんです。

松本　ロシア軍は、海軍でさえも持久戦をとるという発想があるんですね。戦術には民族性があらわれます。ロシアや中国は世界でも指折りの大陸国家ですから、持久戦を伝統的に得意とする。空間を自在に操り、自分たちは退却に退却を重ね、追いかける方の兵站が切れたり、息が切れたと見るや、猛然と巻き返してくる。一方、日本はまっしぐらに追っかけて、早くやっつけてしまえという戦法をとりますが、これでは長期間もちません。

原　民族性もさることながら、火力が不足していますからね。戦いが長引くほど、行き詰まるとわかっているから、短期決戦にかたむいてしまう。

半藤　陸軍はこのあと、奉天決戦に向けて、慢性的な弾丸《たま》不足にたびたび、肝を冷やすことになります。

マカロフ提督の座乗艦が爆沈

半藤　ちょっと時計の針を戻しますが、三月初め、開戦時にマリアさんのパーティーをしていたスタルク司令長官が更迭されまして、代わりに、マカロフ中将が旅順艦隊司令長官の座につきます。名将の誉れ高い人です。

松本　水兵から上がってきた叩き上げの軍人ですが、海洋学者でもあり、こと海軍戦術にかけては世界的な大家です。古典的名著といわれる彼の『海軍戦術論』（明治三十二年邦訳）は、秋山真之も愛読して評価していたようですね。

戸高　ずっと港にこもったままのロシア将兵たちも、フラストレーションがたまっています。適任の司令長官を得て、ロシア海軍は上から下まで、がぜん士気があがりました。

秦　マカロフになって、旅順艦隊はそれまでの消極主義から、港外へ出てくるようになる。つまり旅順要塞の大砲の射程距離をうまく使いながら、連合艦隊と駆け引きする構えに変わるんですが、日本軍がしかけた機雷にひっかかり、あっけなく旗艦「ペトロパウロフスク」が爆沈してしまいます。あれは前の晩に敷設して、翌朝、触雷したんですね？

戸高　四月十三日の朝です。機雷攻撃が、あれほど見事に成功したケースは、世界的にも例がない。本当にラッキーヒットだったと思います。

半藤　「吾妻」艦長の藤井較一大佐が観察していると、ロシア艦隊はいつも同じコースで出てきて、同じ場所で曲がり、同じルートを通って往復している。じゃあ、その途中に機雷を敷設したらいいんじゃないかと提案して、実際に機雷を沈めておいたら、もののみごとに爆沈したんですね。

戸高　ボイラーの大爆発がとどめになり、文字どおり〝轟沈〟しました。あのとき、マカロフ艦隊のデモンストレーションを撮影するために、ロシアのカメラマンが待機していて、「ペトロパウロフスク」が爆発して沈むまでの様子を、三〜四カットぐらい写してるんですよ。

半藤 まさか、マカロフ提督の最期を撮るとは思わなかったでしょうね。

松本 あそこでマカロフが死ぬとは誰も思っていない。彼の名声は日本にも鳴り響いていましたから、日本では、追悼の提灯行列をしたんですよ。祝賀じゃなくて。

半藤 みんなが沈んだ顔で提灯行列をしている写真がありますね。

松本 外国人の記者が、「東洋人とは、西洋の機械をあやつる猿のごとき存在と思っていたが、敵将の死をあれほど悼む国民はいないだろう」という記事を配信しました。石川啄木も、マカロフ追悼の詩をつくっています。

「ああ偉《おほ》いなる敗将、軍神の撰びに入れる露西亜の孤英雄、無情の風はまことに君が身にまこと無情の翼をひろげき、と。」

半藤 仮説として、マカロフが戦死せずに、あのまま旅順艦隊を指揮し続けていたとしたら、日本軍はさらに追い詰められたんじゃないですか。

戸髙 マカロフの戦術は、基本的に艦隊温存主義ですから、港の外に出てくるとしても、時々ちょっかいをかけてくる程度です。本格的な海上決戦になる可能性は低い。

半藤 そうしてバルチック艦隊が到着するまで延々とつき合わされていたら、まったく計算が立たなくなったと思いますよ。

戸髙　旅順に相当な兵力を張りつけないといけませんからね。陸では、十二月に旅順要塞の師団長として活躍したコンドラチェンコ少将（死後、中将）が戦死します。日本軍が運び込んだ二十八センチの巨弾が命中したのです。陸のコンドラチェンコに海のマカロフといえば、旅順の二大カリスマです。この二人の死で、ロシア軍の士気は地に落ちたといいますが、どちらの場合も、日本側はとくに狙って撃ったわけじゃないんです。

半藤　コンドラチェンコのは流れ砲丸《だま》ですよ。マカロフだって偶然だし。

戸髙　偶然なんですが、最初からあの場面で死ぬと決まっていたような……運命の皮肉を感じますね。旅順の市内ではコンドラチェンコの大きな葬儀が行われています。

連合艦隊をおそった悪夢の一週間

秦　皮肉な運命といえば、一カ月後に、同じ手口で今度は連合艦隊がやられるでしょう。ロシア艦隊が旅順港から出てくるときに、いつも同じ航路を通るのに気づいて機雷を敷設したのが、マカロフが死んだ後、見ていると、日本の艦隊も一定の哨戒コースを通っていると見破られて。

半藤　こっちは、「初瀬」と「八島」の戦艦二隻ですよ。

秦　東郷さんが出番の日でなかったのが、不幸中の幸いでしたが、危なかったですよ。しかし、こちらが成功したら、向こうも同じことをやるんじゃないかという発想が、どうして出てこないのかなあ（笑）。

戸髙　あれは間が抜けていました。本当に注意が足りなかった。

松本　ロシア側は、公海上に五十個もの機雷を敷設していましたが、その後日本側に触雷による沈没と事故がたび重なるんですね。

五月十五日、「初瀬」と「八島」が触雷により沈没。その前に、水雷艇第四十八号と通報艦「宮古」も機雷で沈んでいますが、同日夜、別海域で、新造艦の「春日」と「吉野」が衝突して「吉野」が沈没、十六日には通報艦「竜田」が座礁し、十七日には砲艦「大島」と同「赤城」が衝突して沈没、さらに同十七日老鉄山沖で駆逐艦「暁」が触雷で沈没し……と、わずか六日間で大小あわせて艦艇八隻を失ってしまう。

戸髙　まさに悪夢の一週間でした。死傷者も多数出ました。「八島」だけは近くの岩礁まで徐行して、比較的ゆっくり沈んだので、全員救助されました。戦争で戦艦が沈んで死傷者なしという例は珍しい。他にはないでしょうね。

半藤　あれは艦首がぶつかったからね。中央部だったら大勢乗っているから、大惨事になっていた。

戸髙　沈んだところをロシア側が見ていなかったので、「バレていないなら」と、だいぶ後まで発表せずに隠していたんですよ。私の元上司（関野英夫中佐）の父君・関野謙吉さんが、このときの「八島」の副長です。

秦　太平洋戦争のときみたいに、艦長は艦と運命を共にする、というのではないんですね。

戸髙　まったくありません。艦隊職務員勤務令には、「艦長は最後に艦を離れるべし」と書いてあるだけです。関野さんのお父さんは、その後、中将になっていますし、戦艦を沈めても、処置さえ正しければ、その責めを艦長が負わされるということは、明治の時代にはありませんでした。

陸軍の作戦計画を立てたのは誰か

半藤　海軍が、乃木第三軍によって旅順艦隊をつぶそうと思ったのは、マカロフが死ぬ前でしょうか、それとも死んだ後でしょうか。いつもどっちなのか迷うんですが、資料にもはっきりと書かれていないんですよ。

秦 つまり、第三軍の作戦行動とマカロフ戦死との間に関係があったのかどうかと。

半藤 僕はあったような気がします。

秦 大本営が第三軍の編成準備を命じたのは、明治三十七年三月十四日です。

半藤 そんなに早いですか。

秦 正式編成が五月一日、マカロフが死んだのが……。

松本 四月十三日ですから、その前に予定は立ててあった。

半藤 その計画は、いわゆる要塞の力攻めじゃなくて、旅順口攻撃の構想じゃないですか。

秦 旅順対策を竹矢来的役割に留めるかどうかの問題は、まだ決着していなかったと思いますけれどね。三回目の閉塞作戦が失敗に終わるのが、五月三日です。海軍軍令部が大本営に矢のように催促をするのは、そのあとです。

原 海軍は当初から独自で旅順を攻撃するとしていたので、陸軍への攻撃要請はしづらかった。正式に陸軍に要請したのは七月十二日です。

半藤　じゃあ、マカロフの死とは関係ありませんね。

秦　そこは関係ないですね。明治三十五年の夏から、田中義一（のちに首相）が個人研究で、旅順の攻撃計画を検討しています。三十七年の一月、それを第一部の攻城計画案として、部長会議にかけたんですが、児玉が旅順攻撃そのものに懐疑的であったため、保留にされた。

松本　児玉は「旅順は竹矢来でいい」と言っていますからね。

原　陸軍は旅順攻撃を二月十四日に決定し準備を進めていました。

秦　この段階で、三個師団、野砲一個旅団、攻城砲兵司令部、弾薬九万七千六百発をつぎ込むと原案は立ててあったので、海軍の要請を受けた後、この案が浮上して、「旅順で本格的城攻めをやる」と決めたのではないでしょうか。

半藤　ところで、陸軍では、誰が基本の作戦行動を練っていたんでしょう。対ロシア戦略を担当していた参謀総長の川上操六が、明治三十二年に急逝し、そのあとを受け継いだ「今信玄」こと田村怡与造《いよぞう》参謀本部次長も、開戦四カ月前に五十歳で病死しています。作戦のかなめが次々にいなくなり、陸軍にとっては大変な痛手だったと思います。

表向きは、内務大臣兼台湾総督から格下の参謀本部次長に就任した児玉源太郎が、先任二人の案を手直ししたということになっていますが。

原　対露作戦のベースをつくったのは、田中義一だと思います。田中は広瀬武夫と同時期にロシアへ留学して、ずっと向こうにいました。部隊付までしてロシア軍内部を調査した随一のロシア通でした。田村怡与造は、この田中を重用して主にやらせていましたから、それが対ロシア戦略の基礎になっています。対露作戦計画については、明治三十三年あたりから、参謀本部で研究を積み重ねていました。

半藤　海軍の方は、秋山真之が連合艦隊の作戦参謀として起用されていますが。

戸高　秋山さんは〝畳水練の名手〟的な面がありまして、ペーパーとしては優れているけれども、実戦では最適でない部分がある。理想主義というか、現実とギャップのあるプランが出てくる傾向があります。

松本　それは「智謀湧くが如し」ですから（笑）。

秦　あらかじめ細かい作戦計画をたてるより、ある程度、幅をもたせて、戦術的な訓練をつんで練度を高めておいたほうが、実戦では柔軟に対処できるのかもしれませんね。

戸高　おっしゃるように、精密すぎるんでしょうね。秋山といえば若いころから一目も二目も置かれてきたし、もちろん頭もいい。海外留学のほか、サンチャゴで観戦武官としての経験もある。当時の連合艦隊では突出した頭脳であったと思いますが、その戦術をみると、作戦参謀にしては、ちょっと頭がよすぎた感じもしないではない。

半藤　秋山さんの作戦については、黄海海戦、日本海海戦で論じることにしましょう。

日本近海がウラジオ艦隊におびやかされる

松本　日・露両軍の主力が旅順港で攻防を続ける一方、六月十五日、兵員や糧食・弾薬を載せた陸軍の輸送船「常陸丸」が、ロシアのウラジオ艦隊「ロシア」「グロムボイ」「リューリック」の三隻に撃沈されます。

半藤　常陸丸事件ですね。ウラジオストクを基地とするこのロシア艦隊は、遊撃隊式に日本と満州をむすぶ航路の輸送船を襲っては、日本近海を荒らし回っていた。

松本　「常陸丸」は対馬海峡を航行中、砲弾を打ち込まれました。監督将校の山村彌四郎海軍中佐、船長、機関長たちが次々に倒れ、それでも降伏を拒否したために、沈められています。近衛後備歩兵第一連隊長の須知源次郎中佐以下、将校は全員が自決、戦死者は一千人を超えた悲痛な事件でした。

半藤　太平洋戦争もそうですが、日本海軍は不思議なぐらい無防備のまま輸送船を送り出しますからね。「通商破壊戦」という観念が乏しい。

秦　「常陸丸」のそばに護衛艦をつけておけばよかったんですよ。

戸髙　日本の海軍は、船団護衛ではなく、航路護衛主義です。一定の場所の制海権をもっていれば、その範囲内で商船は自由に行動できると考えますから、個々の船を直接護衛はしないんです。

秦　しかし航路護衛も何も、上村彦之丞《かみむらひこのじょう》が率いる第二艦隊は、ロシア艦隊を捜し求めて、函館、宮古沖、房総半島沖……と日本列島を二度、三度、ぐるぐる回るでしょう。

半藤　制海権さえ押さえておけば大丈夫と思っていたら、ウラジオ艦隊があちこちに出没したからびっくりしたんです。

上村艦隊は、開戦直後からウラジオ艦隊の撃破を命じられていましたが、敵は逃げ足が速いし、濃霧に紛れこんだりして、なかなかつかまらない。そのうち大胆にも津軽海峡を通って、太平洋側まで脅かすようになり、七月下旬にはとうとう東京湾に姿を現した。これは大変だというので、大本営命令が出て、上村艦隊のあっちへ行き、こっちへ行きが始まるわけです。

戸髙　日本の海軍が制海権に固執するのは、アメリカの戦術家マハンの提唱する「制海権」に基づく海軍戦略を大きな柱として取り入れたからです。

松本　秋山真之もアメリカに留学した際、『海上権力史論』のマハンに私淑していますしね。

戸髙　ただ、制海権論者のマハンでさえ、「ゲリラ的攻撃にはなかなか対応し難い」と書いているんですが、海軍はそこは見落としている。

半藤　司馬さんも『坂の上の雲』に、「日本の国内の世論はこの上村の不運に対して冷酷で」と書いていますが、あのときの上村艦隊の右往左往ぶりと、日本国民の総スカンはひどかった。

松本　〝国賊〟はおろか、〝露探《ろたん》艦隊〟とスパイ呼ばわりまでされました。

戸髙　濃霧で取り逃がしたと報告したら、「濃霧濃霧、逆さに読めば無能なり」と議会でも糾弾されています。陸と違って、海上での霧は、視界がさえぎられてどうしようもなくなるんですがね。

松本　広い公海上で動き回る相手を迎え撃つのは、至難のわざです。その上に大本営と連合艦隊からの命令が錯綜し、未確認情報や誤報が入り乱れて。

半藤　もう可哀相なぐらい、こき使われてますよ。上村さんの家には石まで投げられたんですよ。

秦　二〇三高地のときは、乃木さんの家にも投石されました。

半藤　山本五十六が手紙に書いていますよ。「一度爆撃されたら、たちまち海軍が日本国民から、石つぶてを投げられることになる」と。

秦　だけど、東條（英機）の家に石が投げ込まれたという話は聞きませんね。

戸髙　憲兵が家の周りに張っていたからじゃないですか（笑）。

松本　八月十四日早朝、上村艦隊は、朝鮮半島の蔚山《ウルサン》沖でようやくウラジオ艦隊を発見します。これに痛撃を加えたあと、天皇から勅語が出るんですね。「よくやった」と。それで武名が高まりましたが、それまでは国中から非難を浴びつづけた。上村さんは勇猛果敢をもって知られた人ですから、戦いたいのに敵と出会えないのは、さぞ苦しかったでしょう。

汚名を返上した上村艦隊

半藤　上村艦隊がウラジオ艦隊を捕捉できたのは、ロシア軍の通信を日本が傍受したからだといいますね。マカロフが死んだあと、旅順艦隊の司令長官になったウィトゲフトが、ウラジオストクと通信をする。内容まではわからないが、交信から一日ほど経ってウラジオ艦隊が行動を起こす、これを上村艦隊が察知した。

戸髙　電話局が傍受しているんです。ロシアは有線で無線通信をしていないので、電信ネットワークの途中の局を日本側が押さえていて、傍受情報をとっていたようです。

半藤　黄海海戦前日の八月九日にも、旅順艦隊からウラジオへ通信があった。これはまちがいなく、ウラジオ艦隊が旅順艦隊に合流しようとしていると見込みをつけて……。

秦　そこで蔚山沖でピタリとぶつかったわけですな。

半藤　最後は、第二艦隊参謀長の加藤友三郎の読みがあたりました。

戸髙　ウラジオ艦隊を発見したときは、「このときばかりに自然に歓呼の声が湧いた」と、旗艦「出雲」艦上にいた佐藤鉄太郎作戦参謀が戦後、話しています。

松本　後続艦が〝敵艦〟だと思って撮影したら、「出雲」以下、味方の三隻だった（笑）。後ろの艦とそれだけ差がつくほど、必死に追い上げた、上村さんのはやる気持ちが伝わってきます。

半藤　つかまえたからには、あとは恨み骨髄ですからね。これでもかこれでもかと撃ち合って、ついに「残弾ナシ」までいく。参謀長がそう書いて示した黒板を、上村さんは興奮のあまり、奪い取って床にたたきつけた（笑）。

戸髙　はやる余りに、殿艦の「リューリック」と、八千五百メートルぐらいの距離から撃ち始めましたから、弾丸がなくなるのも早かった。

秦　本当は「残弾ナシ」じゃなかったんでしょう？

半藤　二十三発残っていたんです。

戸髙　弾庫の報告が「残弾ナシ」なんです。弾庫からどんどん上げて使いますから、弾庫がゼロになっても、運搬途中の弾丸がかならず何十発かあります。

松本　ロシア側も、火災を起こして取り残された「リューリック」を、先に逃げた「ロシア」と「グロムボイ」が見捨てずに、何度も助けに戻ってきます。

半藤　ここからが上村さんのいいところですが、自沈した「リューリック」の乗組員を六百人あまり救助する。下の者たちもよく応えて、夏の盛りですから、下甲板に寝かされているロシア人の負傷兵たちを扇であおいでやったり、手厚く処遇した。この美談は世界中に広まって、海軍教育の教本にも載った。「上村将軍の歌」もできました。

松本　「♪蔚山沖の雲晴れて　勝ち誇りたる追撃の　艦陣勇み帰るとき　見よ沈みゆくリューリック」という歌です（笑）。

半藤　上村艦隊にはいろいろなドラマがあるんですが、戦いとしては、それほど戦果はあがらなかったんですね。三隻のうち二隻は取り逃がしました。

松本　結果的にはこの戦いをもって、ウラジオ艦隊は滅んだわけですが。

秦　救助に忙しくて、あとの二隻を沈められなかったと批判の声もあります。やはり、駆逐艦を一隻残しておくぐらいに留めて、ウラジオまで追いかけていくべきだった。〝宋襄の仁〟と言われかねませんよ。

半藤　おっしゃる通りですが、でも、砲弾がないんです（笑）。

原　ウラジオ艦隊との関連で見落としてはならないのが、日本の守り、海岸要塞の役割です。ウラジオ艦隊は、明治三十七年七月、津軽海峡を通って、東京湾の入り口までやって来た。彼らは湾内に入りたかったんでしょうが、東京湾には要塞ががっちり構えていて、しかも、水雷艇がどこで待ち伏せしているかわからないと判断して、行きがけの駄賃に途中の船を沈めながら、帰っていった。

もし、あそこで東京や横浜を砲撃されていたら、それこそ大変でね。上村艦隊はおろか東郷艦隊もみな旅順からもどって、日本近海を守れと言われたでしょう。当時、日本各地の海岸に要塞をたくさん造っていましたが、十分、抑止力になったということです。

丁字戦法の弱点

半藤　二月以降、東郷艦隊が粘っても出てこなかった旅順艦隊が、八月十日早朝、ついに全艦隊、港の外に出てきます。ウィトゲフト司令長官に、「すみやかにウラジオストクへ行け」という皇帝の勅命が下りたのが理由です。

戸髙　裏長山列島にいた連合艦隊は、この機を逃すまじ、と戦闘態勢を整え、旅順港南東方でロシア艦隊をつかまえる。ところが、向こうは、命令どおりウラジオストクに脱出をはかりたいだけで、戦意はまったくない（笑）。この両軍のすれ違いから、黄海海戦は思わぬ展開をみせます。

秦　秋山真之が〝ウィトゲフトの肩すかし〟と呼んだ、丁字戦法からのすり抜けですね。

戸髙　黄海海戦は、一にも二にも「丁字戦法ではだめだ」と身をもって知った戦いでした。明治三十七年一月上旬、東郷さんが示した「連合艦隊戦策」には、第一艦隊による〝丁字戦法〟と、それに第二艦隊が加わっての〝乙字戦法〟が、日本海軍の基本戦術とされていた。

公刊戦史にもはっきりと丁字戦法で戦ったと書いてありますし、航跡図を見てもまさしく教本どおりなのですが、戦う気のないロシア艦隊に、逃げられてしまった。

半藤　丁字戦法は、相手がやる気満々で掛かってくるときは、まことに有効なんですが、相手にその気がないと、するりと逃げられちゃうんですね。

戸髙　後ろへ逃げられやすい陣形です。

半藤　それを押さえるためには、もう一隊必要になる。

戸髙　連合艦隊が〝自分の都合〟で、ロシアが決戦を挑んでくると思ったら、ロシアもまた〝自分の都合〟で逃げてしまった（笑）。こちらが行けばかならず相手も受けて立つという前提で立てられた丁字作戦が成り立たないことを、あの一戦で、東郷と秋山は痛いほど知ったわけです。

秦　東郷さんはあのとき、敵に逃走をゆるしたわけですが、出てきた旅順艦隊がウラジオをめざしているのか、あるいは単なるいつものパフォーマンスで、旅順に帰るつもりなのか、最初はわかりませんよね。

戸髙　それは読めませんね。

秦　そうすると、陣形を組むのは非常に難しいですよね。

原　あの丁字戦法は、秋山が考案したものなんですか？

戸高　そう言われていますが、最初の発案者かどうかについては諸説あります。北澤法隆さんの研究によれば、明治三十三年の大演習の戦策にすでに同様のものが見られるといいます。また、海軍史家の野村実さんの説では、海軍大学校の教官で秋山の前任者だった、山屋他人《たにん》中佐考案の「円戦術」を基礎とする丁字戦法と、トラファルガー海戦に類似の戦法がみられる乙字戦法を採用したのは、東郷さんその人であると。もっとも秋山自身は丁字戦法と円戦術は全く異なる、と強く言っています。

ただ、いずれにせよ、開戦直前の「連合艦隊戦策」は、秋山参謀が練りに練ったものであることに間違いありません。

半藤　それをお手本どおりに実行してみたら、艦隊運動をしているわずかの間に、ロシア艦隊は、連合艦隊のお尻の方からさっさと逃げちゃって、日本は追いつくのに三時間でしたか、相当な時間がかかったんですね。たまたま、黒井悌次郎中佐が指揮する海軍陸戦重砲隊の攻撃をうけて、戦艦「レトウィザン」が浸水していた。これを連れていくために、途中で、向こうが減速したので追いつけましたけど。

戸高　東郷さんも「日露戦争で一番大事な戦闘は黄海海戦だった」と振り返っています。秋山さんもこのあと、丁字戦法に改訂をかさね、バルチック艦隊との対決に向け、新しい戦法を次々に編み出していきます。その過程において、丁字戦法はしだいに影がうすくなるんですね。

半藤　あの失策がなかったら、日本海海戦はあんなにうまくいかなかった。

戸髙　本当に苦い教訓でしたが、日本海海戦でみごとに生かされましたよね。日本海海戦では、日本側がロシア艦隊を完全に押さえ込むようにして、逃げられないように、ずっと体勢を維持しています。あれは黄海海戦の反省の上に立って、展開された陣形です。そういう意味で、日本海海戦の大勝利の芽は、この黄海海戦の失敗から育っていきました。

秋山真之を驚かせた運命の一弾

半藤　ところで、黄海海戦では、秋山が〝怪弾〟と呼んだ、運命の一弾が出ました。戦艦「三笠」の十二インチ主砲が、敵の旗艦「ツェザレウィッチ」にドーンと当たって、司令塔ごとふっとばした。あんなこと、本当にあるんですかねえ（笑）。

戸髙　いや、あるんですよ、ああいうことが。

松本　司馬さんも、「旗艦ツェザレウィッチは、死人に指揮されていた。そのことを艦内のたれもが知らず、まして艦隊のたれもが知らなかった」と書いていますが、異様な光景です。おまけに、操舵員が舵にのしかかり、左に身をよじったところで絶命したので、旗艦が左へ旋回をはじめ、後続の艦隊も一斉にそれに倣《なら》って大混乱が生じた。

戸高　あれこそ〝天佑神助〟です（笑）。

秦　秋山真之は戦後、天佑神助の方へのめりこんでいきますね。太平洋戦争でも日本海軍は、開戦当初からミッドウェー海戦の前まで、ツキにツイています。そのあとはまったく駄目でしたが、戦《いくさ》というのは、やはり天佑神助で勝つんですかね（笑）。麻雀と同じで、天佑神助の到来を得るには、ツキが落ちているときにじっと我慢する、そういう智恵も必要なんでしょうな。

原　守勢に立つときは守勢に徹すると。

戸高　兵器や戦術は、たしかに理詰めの、科学技術の領域での戦いです。けれど戦闘そのものは、理不尽のきわみですからね。人間の原始本能がぶつかりあうわけですから、どれだけ計算しても計算しきれない。戦場では見えないツキを読むことも、天佑神助を呼び込むために欠かせない能力でしょう。

第四章　遼陽、二〇三高地の死闘

二〇三高地を攻めあぐねた乃木希典第三軍司令官（左）と児玉源太郎満州軍総参謀長（右）はともに西南戦争を戦った仲

日露戦争での主な陸戦

＊明治37年（1904年）

6月20日	大山巌を総司令官とする満州軍総司令部編成
8月19日	第一回旅順総攻撃
8月26日	日本第一軍が遼陽のロシア陣地への攻撃を始める（遼陽会戦）
8月31日	第一軍が太子河を渡り、ロシアの退路を絶とうとする
9月4日	ロシア軍が奉天を目指し、退却。日本軍が遼陽に入城
10月8日	ロシア軍が本渓湖の日本軍最右翼を攻撃（沙河会戦）
10月10日	日本軍左翼が前進し、攻撃開始
10月12日	第四軍、三塊石山を占領
10月15日	ロシア軍が沙河北岸に退却
10月18日	日露両軍、沙河を挟んで対峙。冬営に入る
10月26日	第二回旅順総攻撃
11月26日	第三回旅順総攻撃
12月5日	二〇三高地奪取に成功

＊明治38年（1905年）

1月1日	旅順要塞司令官ステッセルが降伏
1月5日	乃木・ステッセル両将軍、水師営にて会見

満州の前線に「総司令部」を置く

半藤　さて、ここで海軍はひとまず措いて、陸軍の動きを見ていきましょう。開戦当初から、「めざすは遼陽」と大本営は考えていましたが、ロシアも同じでした。東清鉄道が通る遼陽は、奉天（現在の瀋陽）に次ぐ大きな街で、南満州の要衝です。この地にロシア軍は、大量の兵力を送りこんでいました。

対する日本軍も、野津道貫軍司令官率いる第四軍を編成し、第一〜第四軍を現地で直接指揮する「満州軍総司令部」を派遣します。総司令官は大山巌、総参謀長は児玉源太郎です。

松本　東京の大本営が、そっくり満州に移ったのですね。

秦　山県有朋が総司令官になりたがっていたんですよ。それを「あんなうるさい人を据えたらたまらない」と、児玉が画策して何とか、大山を持ってきた。

半藤　第一軍から第四軍まで、軍司令官たちはひと癖あるつわもの揃いですから、山県は口うるさすぎて、うまくまとめられる器でないと（笑）。大山参謀総長の後任には山県が行き、その〝お守り役〟として同じ長州の長岡外史が参謀本部次長に就いています。

戸高　毒を以て毒を制す、というところですね（笑）。

松本　大山は肚がすわっているというか、口は出さないけれどもすべてわかっているというタイプです。万事に目端の利いた児玉とはいいコンビでしょう。

遼陽へと北上する日本陸軍

原　乃木の第三軍だけを旅順に残して、第一、第二、第四軍でもって、三方向から遼陽に向けて進撃していく。その途中、前哨戦として、一番東側を行く第一軍（黒木）は鳳凰城、摩天嶺《まてんれい》を占領した後、楡樹林子《ゆじゆりんし》・様子嶺《ようしれい》の激戦（七月三十一日〜八月一日）を制しました。

松本　金州・南山の戦いのあと、大連を占領した第二軍（奥）は、得利寺《とくりじ》（六月十五日）、蓋平《がいへい》（七月六日〜九日）、大石橋《だいせっきょう》（七月二十三日〜二十五日）で戦ってこれも勝っている。

半藤　後発の第四軍（野津）も、さっそく析木城《たくぼくじょう》で初勝利（八月一日）を飾りました。

松本　最初は、第三軍の旅順に合わせて、遼陽に同時攻撃をかけるつもりだったんですね。それが大雨で少し遅れて、八月二十六日、第一軍の弓張嶺《きゅうちょうれい》急襲で戦闘開始となります。

松本　遼陽戦での兵力は、ロシア軍が二十二万五千人、日本軍が十三万五千人です。

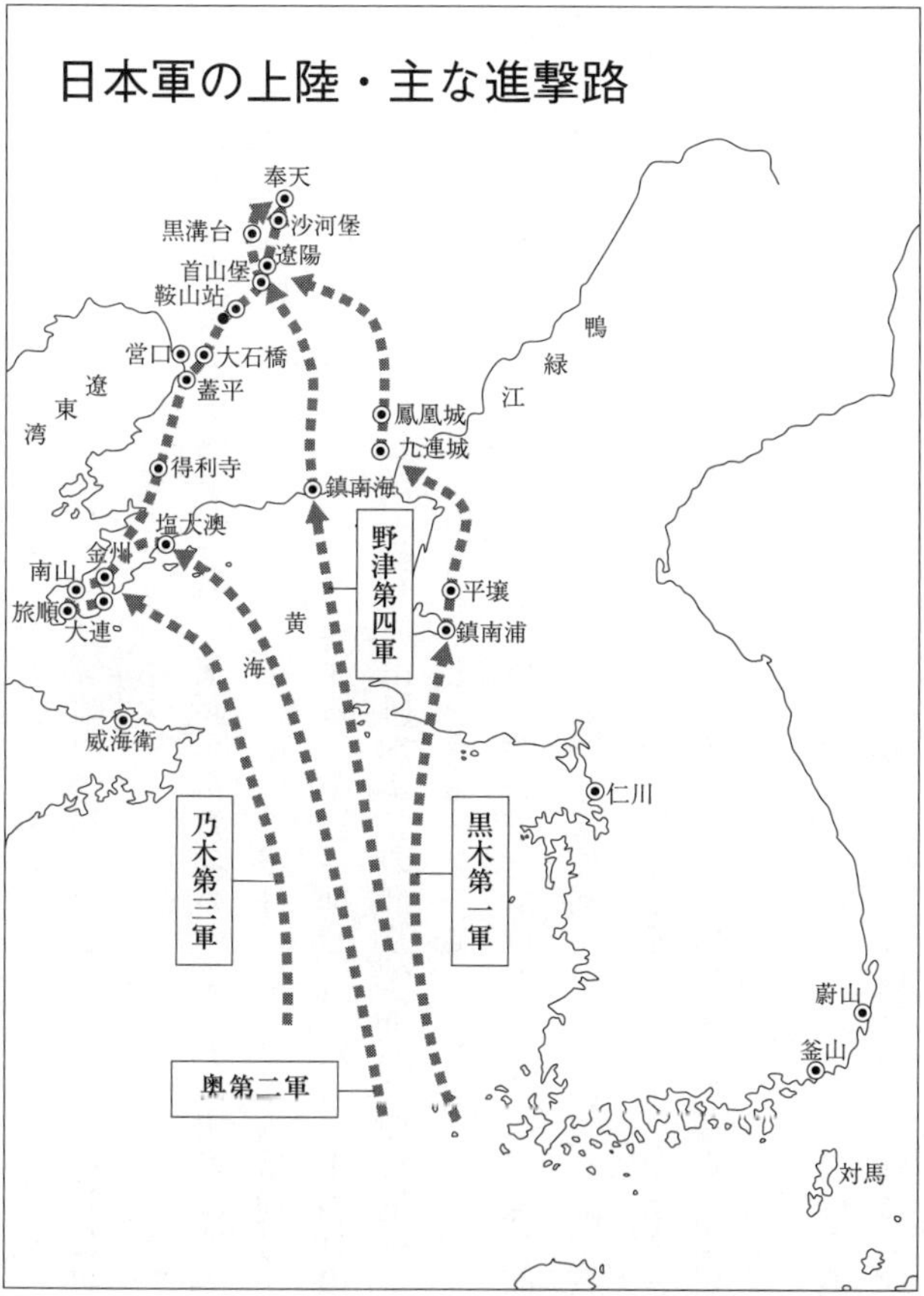
日本軍の上陸・主な進撃路
奉天
沙河堡
黒溝台
遼陽
首山堡
鞍山站
営口
大石橋
蓋平
遼東湾
鴨緑江
鳳凰城
九連城
得利寺
鎮南海
塩大澳
金州
南山
旅順
大連
平壌
鎮南浦
黄海
野津第四軍
威海衛
仁川
乃木第三軍
黒木第一軍
奥第二軍
蔚山
釜山
対馬

戸髙　兵力的には、日本は危ない橋を渡ったわけです。

秦　二十二万といえば、日本の十三個師団全部、つまり全兵力を足した数です。ロシア軍が本気で向ってくれれば、ひとたまりもない。

とはいえ、第二軍と第四軍の主力が正面から力攻めする一方、黒木為楨の第一軍が、右から回り込んでいい動きを見せます。第一軍の進路は、奉天まで山岳地帯が多い。つまり防禦には有利だが、攻めるのには苦労する。それを押して、八月二十六日の夜明け方、仙台の第二師団一万人が弓張嶺の険しい山肌をよじのぼり、敵陣に攻め込みます。このような師団規模での夜襲は、世界で初めてという話になっています。

原　第二師団の旅団長は松永正敏少将と岡崎生三《せいぞう》少将で、夜襲の訓練を前から重ねていました。第二師団長は、日清戦争で乃木と一緒に旅順を攻めた西寛二郎中将です。

半藤　八時間にわたる激しい戦いでしたが、これに勝って、日本軍が第一線防禦陣地を突破した。すると敵の総司令官クロパトキン将軍は、いきなり前線を首山堡《しゅざんぽ》まで下げてしまいます。

秦　二十七日未明に、第二軍が鞍山站《あんざんたん》に攻め込んだときには、もぬけの殻だった。ただし、首山堡をめぐる攻防戦では、第二軍と第四軍は大苦戦を強いられます。

松本　敵の主陣地の防禦について見通しが甘かった。掩蓋陣地、鉄条網、遮蔽砲兵……南山の悪夢再び、です。

敵の主力を受けて立つ黒木第一軍

半藤　その窮状に活路を拓いたのが、またも黒木軍による陽動作戦です。弓張嶺夜襲の第二師団と第十二師団（小倉）が第二線防禦陣地に進出すると見せかけて、ぐっと東に向きを変えた。八月三十一日朝、英守堡《えいしゆほう》から街を東西に流れる太子河の北岸へ渡ることに成功し、ここから一気にロシア軍の側背を衝く。

松本　梅沢道治少将率いる近衛後備歩兵旅団も太子河を渡り、本渓湖《ほんけいこ》までを占領して最右翼を固めます。

戸髙　梅沢少将は、戦が〝匂い〟でわかる男だそうで（笑）。

原　元仙台藩士で、戊辰戦争の生き残りです。続いて第一軍は、東方側背の要点、饅頭山を攻めるが、日本軍に背後を衝かれて退路を絶たれるのを怖れたクロパトキンが、第二軍・第四軍と対峙させていた主力を、第一軍の方に振り向けてくる。

半藤　司馬さんが、「テーブルごとぐるりとまわして」と書いていますね。その分、首山堡は手薄になりますから、日本軍にとっては絶好のチャンスとなりました。

松本　敵将の采配ミスが、まさに僥倖となったんです。ロシア軍の勢いが弱まったので、第二軍・第四軍は、首山堡の一角を突き崩すと、あとは雪崩をうったように攻め込みます。

半藤　一方、敵の大軍と相対することになった黒木軍は、猛攻を受けながらも、なんとか持ちこたえる。饅頭山を取られたクロパトキンは、九月四日、奉天方面へ一斉退却を命じます。日本軍は遼陽に入城し、遼陽会戦は日本軍の勝利で終わりました。

退却に傾くクロパトキンの心理

半藤　遼陽の戦いは、第一軍の面目躍如たる一戦でした。活発に動きまわる黒木軍に、クロパトキンは翻弄され続けた。

戸高　緒戦の鴨緑江でも鮮やかに勝ちましたしね。九連城、鳳凰城、弓張嶺、饅頭山と連戦連勝です。「黒木はなにか仕掛けてくる」と、クロパトキンは必要以上に恐れたのかもしれません。

原　そうであっても、優勢で推移している戦局を、司令官が自分からひっくり返すようなことをしてはいかんですよ。

松本　戦いとしては、五分五分なんです。けれど、ロシア軍のほうがなぜか先に戦闘を打ち切ってしまう、あるいは退却するという形が多くて、日本の方は、敵のやめ方がよくわからない（笑）。

戸髙　たまたま向こうが先にやめてくれたので、日本が勝ちましたが、こういった経験が引き際を知らない軍隊をつくってしまったと思います。

秦　クロパトキン本人は、〝戦略的撤退〟だと強調しています。遼陽会戦がまさしくそうですが、がっぷり四つに組んで戦っている場合は、被害は両軍ともさして違いはない。このときも、死傷者数はロシアが二万、日本が二万三千です。あれだけの兵力差がありながら、それでも勝ったのは、日本軍の粘りと、ロシア軍が「下がってもいい」という気持ちで戦っている、その差でしょうかね。

原　ロシアの方は、「まだこのあとがある」と、次に託して、あきらめられる。けれど、日本は遼陽で負けたら、それで終わりですからね。絶対に退《ひ》けないと、死にものぐるいになるでしょう。

半藤　後ろにさがってチャンスを待つのは、ロシア軍の伝統ですしね。第二次世界大戦のドイツ軍に対するソ連軍の戦術もそれでした。

原　クロパトキンのやり方もそうです。

松本　『戦争と平和』でトルストイが讃えた、名将クトゥーゾフ将軍の末裔ですよ（笑）。ナポレオン軍に攻められて、退却に退却を重ね、モスクワも焼き払い……そのうち冬将軍が到来し、夏コートしかないナポレオン軍が撤退を始めたとたん、わっと攻勢をかけて大勢をひっくり返した。

原　クロパトキンはハルビン決戦のつもりでしょう。

秦　日本もいつの間にか、「いざ、奉天へ」と変わりました。かなりの犠牲を出しながらも、一旦取ってしまうと、もっと先まで行きたくなるという心理でしょうか。

原　クロパトキンが退却戦をしていますから、ある程度は、こちらも前に行かなきゃならない。

松本　ロシア軍が撤退作戦をとる間に、シベリア鉄道の補給で兵員と資材がどんどん送られてくる。これは日本軍の想定外でした。何万人かやっつけてしまえば、それで終わりと思っていたら、敵の兵力はどんどん補充されてくる。やはり奉天まで行かなくては、という気になるでしょう。

秦　ハンニバルがローマ軍を撃破したカンネーの戦いとか、ナポレオン軍のアウステルリッツ戦のように、野戦の理想は、相手を包囲殲滅することです。それをやりたいと思ったが、日本陸軍は一度もそれに成功していない。敵陣を占領はするけれども、敵主力の撃滅という目標では取り逃がしています。これは日中戦争でも同じパターンです。

原　それは火力の問題ですよ。ただ敵を包囲したという態勢だけでは、戦には勝てません。包囲した上でさらに火力で叩いて始めて、包囲殲滅が成り立つのですが、日本軍はいかんせん、火力が不足しています。

夜襲は日本陸軍のお家芸か

松本　弓張嶺の夜襲成功が海外でも評判になり、「夜襲は日本陸軍のお家芸」といわれるようになりました。

原　日露戦争だけでもいくつもあるんですよ。もう数え切れないぐらい（笑）。

半藤　世界的にみて、当時夜襲をする国は少なかったんですか。

原　ヨーロッパの軍隊はやはり合理的ですよね。兵力とか火力、客観的な条件を重視します。

秦　当時は、ハンディトーキーのような通信手段もないから、人数が多いほど真っ暗闇の中で大混乱する、といった危険な状態に陥りかねない。

原　地形的な条件次第では、夜襲がうまくいく場合もあります。この弓張嶺と並んで、日露戦の夜襲で有名なのが、旅順の第三次攻撃の「白襷隊《しろだすき》」ですね。あれも夜襲です。でも、ああいうふうに敵ががっちり構えているところでは、夜襲の成功は難しい。

半藤　でも日本陸軍ではその後、夜襲戦法が定着するんですよ。

戸髙　ガダルカナルでもせっせと夜襲していますよね。アメリカ軍相手に、日露戦争の戦例を手本にして突入している。

半藤　あのときはほとんどが夜襲でした。本当は、夜襲なんてバカな戦い方をしてはいけないんです。

秦　しかもガ島の第二次総攻撃は、弓張嶺と同じ〝第二師団〟にやらせた。敵の後ろに回り込んで、飛行場を攻撃したんですが、アメリカ軍はすっかりわかっていた。飯盒炊爨《すいさん》しながら一週間かけてジャングルの中を行くので、その煙で上から位置が知れるんです。

半藤　それに、ジャングルの木に聴音機が仕掛けられていた。

秦　そうそう、来る場所もタイミングもわかっているから、米軍の方は、昼間はテニスなんかしながら待っていた。それでも、夜襲を第二師団にやらせたのは、「弓張嶺の夢再び」なんです。立案者は辻政信参謀ですが、彼は陸軍大学校の優等生ですから、日露戦史から連想したんでしょう。

原　夜襲とか奇襲というと敵の意表をついた、胸のすくような戦法と日本人は思いがちですが、要するに火力が足りないから、夜襲をするのです。劣勢のほうがやる。弓張嶺にしても、弾丸の補給や後方からの応援が期待できないから、黒木軍は危険をおかして銃剣だけで夜襲をかけた。十分な火力があれば、無駄に兵力を失いかねない策はとりません。遼陽戦の前に、クロパトキンは追加の二個師団が到着するのを待っていますね。これは性格の問題が多少はあるにしても、援軍の当てがあるからこそ、完璧を期す余裕があったといえるでしょう。日本のほうは、大本営に請求してもなかなか弾丸が届かない。砲兵に撃ちこんでくれと頼んでも、弾丸がないから駄目だと言われる。そこで、何に頼るかというと、白兵主義に収斂していくということです。

半藤　夜襲も白兵戦ですからね。

戸髙　夜だと相手からの砲撃も、昼間ほどは効果があがらないと思い込んでいる。それにしても、アメリカ兵は白兵戦に弱いと勝手に決めたのは誰ですかね。

秦　しかし、相手に察知されて奇襲が成立しなかったら、ほぼ全滅ですからね。ガダルカナルでは、バリバリ敵に撃たれて、死骸の山を築きました。一度では懲りずに、辻が「残兵をつかってやれ」と次の夜もやって、第二師団は壊滅した。

だから前に勝ったときのパターンを、下手にあとの戦争で使うのは考えものでね。愚かな結果を招きがちですが、人間、どうしてもそうした〝癖〟が出るんでしょうな。

半藤 将軍や参謀は、常に「過去の戦闘」を戦うんですよ。そして多くの兵隊が死ぬことになる。

陸の軍神・橘中佐と森鷗外

松本 首山堡の激戦では、歩兵第三十四連隊第一大隊長の橘周太少佐（死後中佐に昇進）が戦死しています。

半藤 陸の軍神ですね。修身の教科書に載っていましたが、広瀬のような華があるわけでもないし、木口小平の「死んでもラッパを」みたいな逸話があるのでもない。なぜ軍神なのかなあ、と思わないでもないんですが。

原 出征前は、名古屋幼年学校の校長でした。教育者としては、相当な人だったようですよ。私が自衛隊にいて、富士学校で初級幹部の教育を受けたとき、精神教育を担当する旧軍人に熱烈な橘崇拝者がいましてね、授業中その話ばかりしていました。熱弁の合間に、歌まで歌ってね（笑）。

半藤　「♪遼陽城頭《じょうとう》夜は闌《た》けて〜」ですな。

松本　橘中佐は皇太子（大正天皇）の側近もつとめていましたよ。

半藤　東宮武官なら人格者なんですよ、きっと。

戸髙　家柄もいいんでしょうね。

秦　土地の名望家です。地元の島原半島（雲仙市）には、昭和になってから、橘神社が建てられました。軍神になるためには、ただ勇猛だったというだけでは駄目で、どこから突ついても傷のない、立派な人格者でないとだめなんですよ。

原　海軍では、戦争の初期に、広瀬というスターがぱっと出ましたからね。陸軍としては、それに相当する軍神がほしいと思っていたでしょう。

戸髙　橘さんも広瀬さんと同じく、戦死して中佐です。

松本　当時、第二軍管理部長だった石光真清は、陸軍幼年学校、士官学校で橘中佐の後輩、橘が管理部長時代の副官でもありました。その縁もあって、石光は奉天会戦後の慰霊法要で祭文（弔文）を読むことになる。けれど、どうしても書けなくて、頼んだ相手が軍医部長の森林太郎こと、森鷗外でした。

戸髙　超名文がきたんでしょう。

松本　堂々たる名文です。それで橘中佐の名声が高まった点もあると思います。

秦　森鷗外も祭文を書いている暇があるなら、脚気対策を真面目にやればよかったんですよ。

松本　逆に、祭文のほうだけやっていればよかった（笑）。

秦　まったくです。二〇三高地の突撃のとき、日本兵がヨロヨロしているので、それを見た外国の観戦武官が、酔っ払った勢いで突撃しているのかと思ったようですが、実は脚気なんです。

戸髙　陸軍は、脚気で何万という兵を死なせていますからね。責任問題にならなかったのが不思議ですね。

半藤　脚気衝心といって、最後は心臓にきて死んでしまう。日清・日露両戦争を通じて、陸軍で脚気に罹ったのが二十数万人、亡くなったのは三万人近くにのぼるといいます。

原　それは、陸軍軍医の主流だった森の責任が大きかったというのが定説ですね。

戸髙　鷗外が、病理学と細菌学が主流を占めるドイツへ留学したのに対し、海軍医務局長の高木兼寛はイギリスで勉強しています。イギリスの医学は理論より臨床重視で、「理屈はどうであれ治ればいい」というポリシーですから、兵食に麦飯を積極的にとりいれた。おかげで海軍では明治二十年代以後、脚気はほとんどゼロになりました。

秦　明治天皇も脚気になって、漢方医の勧めで麦飯をこっそり食べていたらしいですよ。当時の宮中は洋医ばかりになっていて、麦飯なんて迷信だと反対するのをこっそりと――。

松本　高木は脚気予防の一環として、カレーを海軍の兵食に取り入れたことでも有名ですね。いまや〝海軍カレー〟はブランドになっています。

秦　森鷗外は、脚気の原因がビタミンB1不足にあると確定する二年前の、大正十一年に死んでいます。ただ亡くなる頃には、この相関関係がほぼ判明していて、自分は軍医として失格だったとほのめかす文章を書いている。墓石に、「森林太郎墓の外《ほか》一字もほる可らず」と遺言したのも、その思いからだと言われてもいます。日清・日露戦争裏面史のひとつでしょう。

杜撰な計画が招いた弾丸不足

松本　日本軍の弱点は、とにかく弾丸不足ですね。小銃弾はまだいいとして、野戦用の砲弾が間に合わない。

原　そのために、遼陽では退却するロシア軍を追撃することができなかった。日本国内では町工場まで動員し、外国からも必死で買い集めています。奉天会戦に向け、懸命に蓄積していきますが、慢性的な弾丸不足は大きな足枷でした。

松本　海軍からの懇請もあって、大本営はこの時期、旅順を優先します。野砲より攻城砲弾の製造を先にしたりして、北進軍への補給がストップしている状態です。

半藤　旅順の戦況も進展しないので、九月中旬には、児玉が旅順へ督戦に行っています。総参謀長だから仕方がないとはいえ、旅順の要塞攻めと満州平野での野外決戦、両方の面倒を見るのは大変です。さすがの児玉もへとへとでした。

原　沙河戦の勝利のあと、児玉は山県宛に電報を打っていますね（明治三十七年十月十九日）。「夜ごと夜襲を繰り返しながら、敵にもう一撃を加えられない。ただ弾薬の補充を待つしかないのは、遺憾に堪えない」と窮状を訴えている。

半藤　戦争前に、「弾丸は十分にあり」と言っていたのは、何だったんですかね。

秦　目算が限りなく甘かったんですよ。一門につき、月五十発で計算していたのではね。

松本　それでは一日分にしかならない（笑）。

秦　補給の軽視という日本陸軍の特性がここでも現れています。

松本　日清戦争のときの消費量を参考に計画を立てたんでしょうが、金州・南山の戦いだけで、日清戦争全部で撃った弾丸の数を軽く上回っています。

半藤　十年前と比べたのが間違いですよ。

戸髙　さらに十年後の第一次世界大戦では、全日露戦争で使った弾丸の数を一会戦で費やすようになる。大ベストセラーになった『此一戦』の著者・水野廣徳海軍中佐は、当時ヨーロッパに私費留学していたのですが、そのことをニュースで知って大層驚いています。兵器の消費量は、戦争ごとに爆発的に規模が大きくなる。

秦　海軍は大きな海戦をしているわりに、トータルでみるとたいして撃ってませんね。

戸髙　戦艦はほとんど撃ちません。砲撃戦といってもたかが知れています。

原　陸の場合は、持続してどんどん撃てるけれど、海の上では、お互いに動いていますからね。

松本　黄海海戦のときも最初、連合艦隊は相手から撃たれるのをじっと我慢して、丁字戦法に陣形が整ってから撃ち始めています。

戸髙　海戦では、撃つチャンスがそう多くないんです。ですから陸軍とは、砲弾の使用量がまったく違ってきますね。

クロパトキンの逆襲・沙河会戦

半藤　沙河の会戦（明治三十七年十月八日〜十七日）は、ロシア軍のほうから攻めかけた初めての戦いです。遼陽の戦いのあと、ロシア軍は奉天まで下がっている。クロパトキンはハルビンで最終決戦をするつもりでいます。

しかし、開戦以来負け続けているクロパトキンに業を煮やした本国の皇帝や軍首脳は、ロシアの満州軍を二つに分けて、第一軍をクロパトキンに、第二軍をグリッペンベルグ将軍に指揮をとらせるよう決める。総司令官であるクロパトキンにとって、屈辱的な降格人事です。

松本　本国で彼は、〝退却将軍〟と揶揄されています。日本と違って、ロシア国内では日露戦争は人気がない。そこに負けがこむと、反体制派を勢いづかせる結果になるのを、ニコライ二世は懸念していました。実際、旅順要塞が落ちた直後の一九〇五（明治三十八）年一月に、「血の日曜日」事件が起こります。

サンクト・ペテルブルグの皇宮に、皇帝への嘆願書をかかげて、平和的デモ行進をおこなった労働者六万人に対し、軍が発砲して一千人からの死者が出た。彼らの要求には、労働条件の改善のほか、生活を圧迫する日露戦争の停止もふくまれていた。この事件をきっかけに、革命の気運が盛り上がりますが、国民レベルでの経済的窮迫もふくめ、ロシア国内はかなり不安定な状況でした。

戸髙　そこを、明石元二郎が利用するわけですね。このデモの先頭にたったガポン神父をはじめ、無政府主義者のクロポトキンや作家のゴーリキー、ロシア領だったフィンランドの独立運動の闘士シリヤクスなど、錚々たる反体制のメンバーに喰いこんでいます。レーニンとも交流があったというのは不確かですが。

それはともかく、クロパトキンとしてはライバルが着任する前に、勝ち星をあげて名誉挽回をはかりたいところでしょう。

半藤　それに、日本軍が追撃して来ないのは、弾丸がないせいだと気がついた（笑）。ならば、日本軍の補給が届かないうちにやろうと、本国から増援部隊を呼んで、遼陽の会戦に匹敵する兵力をそろえた。

松本　十月に入ると、クロパトキンは前衛部隊を沙河のラインまで南下させます。それに九月下旬、シベリア鉄道のバイカル湖迂回線が開通し、補給力が増したことも後押ししたのでしょう。

秦　一方、日本もこれまでの戦いでは、敵の野戦陣地に攻撃を加えてきましたが、手持ちの砲弾の種類を考えると、平野での運動戦が適切だという結論になります。つまり、敵の主力を殲滅する作戦です。

原　敵を引きつけてから戦うか、先制攻撃に出るか、作戦参謀の松川敏胤と後方参謀井口省吾の意見が衝突しますね。

松本　児玉源太郎の〝ふたつの頭脳〟と呼ばれた二人です。

原　児玉さんはやや抑え気味でした。結果的には、松川の勢いに乗って先制攻撃をかけてよかったとは思いますが。

〝宮さま旅団〟と〝花の梅沢旅団〟

半藤　沙河会戦の兵力は、ロシア軍が二十二万二千で、日本軍が十二万です。大砲の数は、ロシアが七百五十門で日本は四百八十門。そのわりに戦死者はロシアのほうが多いですね。日本の死傷者二万五百人に対し、ロシアは四万一千人と二倍です。

秦　左右七十キロメートルに及ぶ、非常に長い前線ですからね。敵は南進、こちらは北進して正面から大激突すれば、損害は大きくなる。特にロシア側は攻める方だから、差がつくでしょう。

松本　しかも沙河を挟んでいます。

戸髙　見晴らしのいい場所を挟んで戦うと、攻めるほうが不利でしょう。

半藤　横一線で前進するとき、凸凹があるとそこから崩され包囲されてしまいます。本渓湖付近にいた最右翼の梅沢旅団が突出していたので、十日からの戦闘開始を控え、下がるよう総司令部が命令を出した。それで後退し始めたとたん、ロシア軍が襲いかかってきます。

秦　戦場では退きぎわが危ないんです。包囲したのは、レンネンカンプ少将率いる騎兵集団と、サムソノフ少将のシベリア・コサック師団ですね。遼陽での会戦に続き、クロパトキンは黒木の第一軍に、主力を当ててきています。実にロシア軍全体の三分の二に相当する兵力です。

半藤　第十二師団（小倉）の島村（干雄《たてお》少将）旅団が、三倍の敵を相手に、孤立無援の状態に追い込まれますね。「あわや全滅か」というそのとき、救援にかけつけたのが、閑院宮載仁《ことひと》親王の騎兵第二旅団だった。

松本　〝宮さま旅団〟ですね。秋山好古がフランス留学から帰ってから、当局に強く意見して、騎兵旅団に機関砲を持たせていましたが、それが威力を発揮しました。閑院宮は、険しい山道を行軍するために、車載の機関砲を馬で運べるよう分解式の駄載機関銃にし、さらに三脚で使用できるよう改造した。このように騎兵らしくないところが、秋山式日本騎兵の強みでもあります。

原　第一軍は真ん中から奉集堡《ほうしゅうほ》へ、第二軍はやや左よりの沙河堡へ進み、第四軍は、第一軍を援護して迂回を助ける、これが作戦命令の骨子です。このうち第四軍は、敵の防禦がかたくてなかなか好機がつかめなかったのが、応援を得て、十二日夜にはロシア軍の拠点である三塊石山《さんかいせきざん》の占領に成功します。

松本　やがて日本軍が攻勢に転じ、十五日には、クロパトキンが兵力の大半を沙河の北岸に退却させた。日本軍はかろうじて勝ちを拾いました。

原　敵の退却を許しはしたが、勝つには勝った（笑）。

戸髙　沙河会戦と呼ぶにふさわしいぶつかり合いでしたね。後備兵で編成された近衛後備歩兵旅団の活躍もきわだった。再召集者が中心の後備部隊は年齢が高く、士気も低いと言われがちですが、戦上手の梅沢少将に率いられた兵たちは、この沙河会戦での戦いぶりから〝花の梅沢旅団〟と呼ばれ、一躍全軍の知るところとなりました。

秦　ただし、万宝山では第四軍の山田（保永少将）支隊が、一旦は占領したものの、敵大軍の逆襲を受けて退却した。このとき、砲十四門を置いたまま敗走するという大失態を演じています。

松本　武器は使えない状態にして逃げないと、相手に捕獲されてしまいます。しかし、この沙河の会戦は、海外には「日本が負けている」と伝わったほど、苦しい戦いでした。

半藤　ロシア軍も豊富な火力を背景に、奇襲攻撃をしかけてきたり、積極的な戦いぶりでした。でも、クロパトキンは自分の名誉がかかった一戦であったにも拘らず、またもや自分から退却してしまうんです。

松本　退却戦こそが彼の真骨頂です。本人は奉天で決めるつもりなのに、人事問題が浮上してきて、やむなく沙河で一戦交える気になった。そういう意味で、本来の彼らしくない戦い方をした部分があったとも言えます。

秦　理由はどうであれ、どこかで踏ん張らなければ、勝てませんよ。

戸高　一カ所を崩されると、気持ちがくじける性格なんでしょうね（笑）。

原　負けていないのに、自分から負けたという態度をとるとは、惰弱としかいいようがない。最後まで戦いぬく意志力がないんです。

半藤　そういう情けない将軍が相手で、日本は助かったわけですが、さすがに両軍とも疲れが出ています。弾丸も糧食も補給しなければなりません。しかも平均気温がマイナス二十度という、満州の厳しい冬が来ていました。ここで自然休戦となり、三十五万人の兵が沙河をはさんで、冬営に入りました。

死傷者六万人の旅順攻囲戦

半藤　さて、いよいよ旅順戦にまいります。日本海海戦が日露戦争のクライマックスなら、この旅順要塞をめぐる攻防は、前半では一番の山場です。最初の攻撃から、要塞を落とすまでに要した時間は五カ月余り、死傷者は六万人というまさに未曾有の戦いでした。

松本　司馬さんは、「戦いというものの思想的善悪はともかく、二度にわたって日本人の血を大量に吸った」のが旅順であると、『坂の上の雲』で述べていますが、まったくそう思いますね。

秦　そして、乃木希典という人間を語らずして、この旅順戦を語ることはできません。乃木の指揮で起きた前代未聞の流血と惨事、そして要塞が陥落するまでの過程には、日露戦争そのものが凝縮されている感があります。

半藤　その乃木大将が率いる第三軍ですが、旅順要塞を攻略するまでに八月、十月、十一月と三度の総攻撃を行っています。どれも堅固な要塞にはねかえされ、惨憺たる結果に終わりますが、その一回目が八月十九日です。

東北正面では、第九師団（金沢）が盤龍山に、第十一師団（四国善通寺）が東鶏冠山《ひがしけいかんざん》に突撃する。二日間砲撃を加えたあと、歩兵部隊が要塞からの集中銃火を浴びながら、肉弾突撃を繰り返しましたが、要塞は堅牢でびくともしない。四日間で撃った弾丸は十万発以上にのぼり、死傷者は一万六千人に達しました。

松本　日清戦争の旅順攻撃では、大山巌の第二軍が半日で落としましたね。死傷者も三百人足らずでした。そのときの旅団長の一人が乃木希典で、「乃木ならば旅順を知っている」というのが、司令官に選ばれた大きな理由です。以前の成功体験から、鎧袖《がいしゅう》一触で簡単に落ちるとみていたのが敗因だとよくいわれますが、本当にそうでしょうか。旅順要塞の様子が十年前と変わらないと思っていたのかと、不思議なんです。

半藤　三国干渉のあと、七年にわたってロシアが旅順を押さえていますから、防備を着々と固めているとは伝わっていたでしょうけどね。

原　山全体を永久要塞化するのに、二十万樽ものベトンを使ったとか。

秦　しかし、そのベトンが厚さ一メートル三十センチもあって、攻城重砲の砲弾でも撃ちぬけない、という詳細までは摑んでいなかった。それは乃木本人というより、参謀本部の手抜かりですが。

松本　旅順攻めにおける最大の問題は、乃木と参謀長の伊地知幸介が、西側の「二〇三高地を攻めてくれ」という大本営や海軍の要求を頑として受け入れず、ひたすら正面攻撃を続けたことでした。三度にわたる総攻撃にことごとく失敗し、本格的な二〇三高地攻めを始めたのは、十一月末です。

原　それは結果論からいえることで、当時の敵情認識、地形、わが戦力などを考えれば、第三軍が正面攻撃を採ったことには、戦術的妥当性があったのです。まず大本営や海軍の要望どおり、早く攻撃することができる。それに、鉄道や道路を利用して、攻城重砲を展開することで、火力を有効に使えるのも利点です。二〇三高地方面はこの点、交通路が不備なため、攻城重砲を運ぶのが難しい。また、正面要塞の中核である望台を奪取すれば、要塞全体の死命を制することになります。敵の逆襲も正面からになりますから、対応が容易です。確かに二〇三高地を占領すれば、港内の敵艦を砲撃できますが、さらに二線、三線と要塞があり、旅順要塞全体を陥落させるには時間がかかると考えられていました。

秦　しかし、奇怪ともみえる第三軍司令部の頑迷この上ない態度に、みんなが延々と振り回されました。第一次総攻撃の失敗をうけて、〝有坂砲〟で知られる有坂成章《なりあきら》少将が、全国の要塞に設置されている海岸砲の二十八センチ榴弾砲ならば、旅順要塞のベトンをぶち抜けると進言した。それを送ろうとすると、「送るに及ばず」と伊地知参謀長が突っぱねてね。

原　いや、あれは「次の攻撃にはもう間に合わないから、今は送らなくていい、後で送ってくれ」ということだったんですよ。

秦　ドイツ仕込みの砲兵出身だから、要塞攻めには適任だろうというのが、彼が第三軍の参謀長に選ばれた理由でしたが、どうせなら工兵のほうがよかった。要塞攻めをするのに、第三軍の参謀で工兵出身は、井上幾太郎少佐ひとりというお粗末さです。

半藤　事前に、あれほどの大要塞だとは思っていなかったことを、前提にしなければいけません。

秦　砲兵の伊地知が適役というのなら、大砲兵団を連れていくところでしょうが、実際には野砲しか持っていかない。

半藤　やっぱり二十八センチ榴弾砲を送れということになって、その威力のほどが十分に証明されていますから、十八門を大本営が送りつけた。二十八センチ榴弾砲は、砲弾一発の重さが二百十八キロ、砲一門が砲架なしで八トンもある巨砲です。

戸高　十月二十六日からの第二次総攻撃では、この二十八センチ砲を撃ち込んでも、要塞は落ちなかった。ただ、むやみな撃ち方でも、旅順港に籠もったままのロシア艦隊に砲弾が命中し出したのは、海軍としては大変ありがたかった（笑）。

半藤　連合艦隊は黄海海戦からずっと、旅順沖に足止めされていますからね。一刻も早く旅順艦隊をかたづけて、日本に帰り、艦体の修理や整備をしたいというのが海軍の本音です。

松本　陸のほうは、悲惨をきわめています。第二次総攻撃のときは、交通壕を掘ったり、工兵が坑道を掘るなど、要塞攻略の正攻法とされる手立てを講じましたが、埒が明かない。おっしゃるとおり、二十八センチ砲による砲撃でも、各堡塁の壁は崩せませんでした。六日間にわたる総攻撃は、死傷者三千八百人で終わりました。

二〇三高地の重要性

半藤　この時期、秋山真之が、第三軍との連絡役として乃木軍の司令部に常駐していた

海軍参謀に書いた手紙が、なかなか面白いんです。これは明治三十七年十一月三十日付ですが、

「実に二〇三高地の占領如何《いかん》は、大局より打算して帝国の存亡に関係し候得《そうらえば》者、是非々々連続決行を望む」

要は、海軍としては「二〇三高地を一日も早く取ってくれ」ということですね。

原　その連絡役は、岩村団次郎中佐ですね。

半藤　そうです。乃木さんにまで逐一伝わっていたかどうかはわかりませんが、岩村宛てに、たて続けに十通以上も出している（笑）。『極秘明治三十七、八年海戦史』に残っています。

それを読むと、旅順艦隊さえつぶしてくれれば、バルチック艦隊などお茶の子さいさい、我々は自信があるから、旅順艦隊だけ早くつぶしてほしい。それさえ叶えられれば、日本は勝つ、我々海軍は勝つ、バルチック艦隊は問題にせず……と相当な自信を持って書きつらねています。

秦　兄（好古）と違い、秋山の弟（真之）の方は、完全主義者です。いくらやっても心配の種がつきない。彼にとっては、どうしてもはまらない最後のピースが、旅順艦隊の撃

滅なんでしょう。

戸髙　その完全主義が嵩じて、日本海海戦の「七段構え戦法」までいきますが（笑）。当時の海軍は、基本的に自信を持っています。トップの山本権兵衛がその最たるものですが、日本海軍は訓練も十分積んできたし、艦も世界最新鋭に近いイギリス製の軍艦をそろえた。実力からいえば、敵にぶつかりさえすれば勝つ、というぐらいの意識はみんな持っていました。

半藤　あの時点で秋山真之が、二〇三高地が日露戦争全体のカギを握っていたことを見通していたところは、さすがに慧眼だと思いますがね。

原　ただ、司馬さんは『坂の上の雲』で、二〇三高地こそ敵の盲点だと秋山が見抜いたのは、夏頃とかなり早い時期のように書いていますが、実は十一月中頃なんです。それまでは、二〇三高地の重要性に気づいていないのです。

半藤　それと少々驚くのは、十一月三十日の手紙で、「旅順の攻略に四、五万の勇士を損するも左程大なる犠牲にあらず。彼我《ひが》共に国家存亡の関する処なればなり」と断言している点です。

秦　旅順を取るか取らないかに、日本もロシアも国の命運が掛かっていると。

十一月末といえば、ちょうど第三次総攻撃の最中です。旅順の状況は最悪で、中村覚《さとる》少将率いる「白襷隊」が組織され、三千人余の兵力で夜襲突撃を敢行した。それは、秋山がこの手紙を書く直前の十一月二十六日のことでした。「四、五万死んでも」とは、レトリックにしても常軌を逸した感がありますが、それぐらいの犠牲を払わなければ二〇三高地は落ちないと、秋山が見ていたのは確かでしょう。

半藤　バルチック艦隊が少し前の十月十五日に、バルト海のリバウ軍港を出航していますからね。秋山の神経はピリピリしていますよ。

児玉源太郎は死を覚悟して旅順へ

原　二〇三高地の争奪は当時、世界の注目を集めていました。あそこで二〇三高地を取らなかったら、大変な事態を招くと認識して動いていたのは、陸軍ではおそらく児玉だけだと思います。

半藤　旅順に、諸外国の観戦武官や特派員が山ほど集まっていますしね。最初の頃、日本は情報戦略がまずくて、外国の記者たちを邪険にして、日本に不利なニュースを流されました。

松本　遼陽会戦も本当はロシアの勝ちだったとかね。ロシア側がまた上手に立ちまわるんです（笑）。それがいちいち、外債の募集や講和に向けた根回しにはねかえってくる。

原　児玉だけは当初から、外国の記者たちと愛想よくつきあっていた。そういう気の利く児玉が、身を削るようにして、十二月の初めに旅順へ行くわけですよ。乃木にかわって自身で第三軍の指揮をとるために。

児玉の秘書官だった関屋貞三郎が戦後、語ったところによれば、旅順行に際しては息子宛の遺書を預かっていたと。無事に帰ってきたということで破棄したらしいのですが、児玉は死を覚悟して、旅順に赴いたのです。当の乃木は、目前の戦況に精一杯で、全体のことまでは気が回っていなかったと思います。

松本　乃木さんが指揮権を渡さない場合のために、大山からの訓令を懐中にしのばせています。

秦　大山総司令官の訓令は、児玉に同行した田中国重参謀の談話しか情報源がなく、「幻の訓令」といわれてきましたが、最近になって『明治軍事史――明治天皇御伝記史料』（昭和四十一年）に収録されていることが判明しました。それには、「余は第三軍の攻撃指導に関し要すれば満州軍総司令官の名を以て第三軍に命令することを貴官に委す（十一月二十九日)」とあります。

松本　ええ。とはいえ、軍司令官である乃木をさしおいて、児玉が作戦を指揮するのは、軍隊の根本をなす〝命令系統〟をおかす行為に他なりません。

秦　乃木と児玉は、西南戦争の頃からの古いつきあいです。お互いに相手を知り抜いている。実際には児玉は大山の訓令を懐から出さず、乃木もまた、それを出させるような態度はとらなかった。以心伝心ですませたものと推定されます。『明治軍事史』には「十二月十三日総参謀長帰部の翌日総司令官に返納せらる」と注記がついています。

松本　難しい局面でした。ただ幸いなことに、乃木から指揮権を、一時〝借り上げて〟、児玉が采配をふるったことで、ようやく二〇三高地を攻略できました。

半藤　乃木さんが、第三次総攻撃で二〇三高地への攻撃を決めたのは児玉が来る前ですから、すべて児玉の功績にするのはおかしいんですが、『坂の上の雲』のお蔭で、今はまあ、そういうことになっていますね。

秦　その決断にいたるまでに、いったい何万人の日本兵の血が流されたか。それこそ最大の悲劇ですよ。

松本　第三次総攻撃の二〇三高地戦では、約一週間の激戦で日本軍の死傷者は約一万六千人。第七師団（旭川）の歩兵第二十八連隊は大隊長三人のうち二人が戦死、一人が負傷、中隊長十二人のうち六人が戦死、六人が負傷という惨状を呈しました。まさしく死闘と呼んでいいでしょう。

壊滅していた旅順艦隊

秦 ところで、あれほど秋山がせっついた二〇三高地ですが、終わってみなければわからなかったとはいえ、その前に旅順艦隊は事実上、つぶれていたんです。

戸高 二十八センチ榴弾砲十八門による砲撃で、九月下旬から十月中旬までの間に、旅順艦隊の残存艦五隻が大破していたんですね。ロシア側は火災による爆発を防ぐため、弾薬、火薬を各艦から撤去し、大砲は陸上要塞砲に転用していたそうです。

秦 二〇三高地争奪戦の最終段階にロシア側がつぎ込んだのは、艦から降ろされた水兵たちだったようです（笑）。

戸高 つまり、秋山がさっきの手紙を書いた頃には、すでに旅順艦隊は消滅も同然だったことになります。

半藤 二〇三高地を占領して、弾着観測班が山頂にあがって計測してから、二十八センチ砲をどんどん港に撃ち込んで旅順艦隊を次々に撃沈したという話は、事実とは違うんですね。今までのほとんどの本にはそう書かれていますが。

戸髙　特に軍艦に照準を定めたのでもなく、地図上にマス目を書いて、山越えでそのマスをひとつずつ撃ったのですね。そうしたら軍艦に、見事に命中していた（笑）。

松本　天佑神助じゃないですか。

戸髙　二十八センチ砲の威力は凄まじいものがあります。旅順艦隊が砲撃されている最中を、現地の写真屋さんが撮影したものがありますが、市街地も港も瓦礫の山です。

松本　二〇三高地が陥落したあと、旅順要塞のカリスマと謳われたコンドラチェンコ少将が東鶏冠山で爆死したのも、この二十八センチ榴弾砲が直撃したからです。

戸髙　ロシア兵は、白馬に乗ったコンドラチェンコを見て、戦意を保っていたのですから、日本軍の砲撃の中でも、立派な葬儀が行われています。

秦　児玉は、二〇三高地攻めをしつこく要請する海軍に対して、「連合艦隊は交替で修理整備に帰ればいいだろう」と言っていた。児玉の言う通り、全兵力で旅順口を封鎖し続けなくてもよかった気がするんですよ。海軍は、旅順艦隊を一隻残さず沈めることに、なぜあそこまで固執したんですか。

戸高　やはり恐怖感でしょうね。旅順艦隊とバルチック艦隊が両方そろったとき、いくらかでも旅順艦隊が加勢すれば、相手の戦力が増してこちらが危うくなる、そういう不安がずっと抜けない。

秦　二〇三高地を取るまでは、旅順艦隊の状況は確認できませんしね。

戸高　それで不安感が自己増殖していった。

秦　もう少し諜報網を駆使して、徹底的に調査していたら、旅順艦隊はほとんどクズ鉄同然だとわかっていたはずだと思うんですが。

半藤　それがわかっていれば、二〇三高地を攻める必要もなかったわけです。そして、あんなに多勢の犠牲を出すこともなかった。でも、現実はそうはいかなかった。秦さん、これが戦争ですよ。

秦　あとからは何とでも言えますしね。

乃木希典は本当に愚将か

半藤　旅順艦隊の全滅が確認されて十二月二十日、東郷長官のお供で秋山も上陸して、乃木軍司令部に帰国の挨拶にいきますね。二〇三高地攻略のお礼もかねて。

松本　秋山が感動して、「この両将会見の状況だけは筆紙の尽すところにあらず」と書き送ったという、あのときですね。

半藤　もし二〇三高地の頂上から旅順港を見おろして、ぼこぼこになった旅順艦隊をわが目で確かめたとしたら、秋山は何を思ったでしょうねえ。それこそ待ち焦がれていた光景でしょうけれど、胸中の思いは複雑だったかもしれません。

原　海軍は、旅順港の攻略は独力でやるとして陸軍の介入を好まなかったが、結局、陸軍の多大の犠牲で攻略でき、東郷以下、内心忸怩たるものがあったはずです。

松本　あれほどたくさんの死傷者を出しながら、大本営はタテマエとして最後まで乃木希典を替えなかった。そこには明治天皇の意向があったわけですが。

戸高　天皇が、「辞めさせるようなことをしたら、乃木は死ぬぞ」と言ったという話が伝わっています。

秦　この件は、日野西（資博）侍従の回想録『明治天皇の御日常』しか頼りになるものはありません。「乃木を替えてはならぬ」と、明治天皇が〝人事干渉〟したというのが定説になっていますが、風聞の域を出ません。日野西の回想録には、天皇が、「乃木も宜いけれども、ああ兵を殺すようでは実に困るな」と述懐したとあります。明治天皇としては、乃木を替えるとしても次に誰をもっていくかという話になるから替えるに替えられないと、私は受けとるんですが。

松本　日野西の『明治天皇紀』のための、大正十五年の回想では、「乃木も、アー人を殺しては、どもならぬ」という発言になっています。長州閥のドンで、乃木を第三軍の司令官に選んだ山県ですら、替えろと言い出したらしい。プロペラ髭の長岡も替えたがっていた。けれども、明治天皇がそれを自分の命令としては下したくない。それで替えられない、ということではないですか。

秦　明治天皇と山県有朋、この二人が乃木に関するキーパーソンだった。そしておそらく違う理由から、どちらも乃木を必要な人材だと考えていた。乃木はあれだけ休職を繰り返して、そのたびに復活するわけでしょう。どちらかが嫌っている、あるいは不要だと考えていたとしたら、とうの昔に消えていたはずです。

山県は目にかけた三人をドイツに留学させ、川上操六には戦術、桂太郎には軍政、乃木希典には教育を学ばせています。人事で全てを掌握しようとする山県にとっては、そうしたグランドデザインの中の三本柱のひとりではあったのでしょう。

松本　乃木さんは日露戦争後、学習院の院長になりますしね。

戸髙　では、明治天皇がそれほどまでに、乃木さんを重んじた理由はなんですか。

秦　乃木という人間自体が好きだったんじゃないでしょうか。

半藤　ああ、それは私も同感です。

秦　それで、「困ったものだなあ、あんなに兵を殺してしまっては」というあたりが、妥当な受け止めかたですよね。

松本　東京の乃木家には石が投げこまれました。おっしゃる通り乃木さんは、戦争が下手な、愚かな将軍かもしれませんが、人間的な魅力はすごいですからね。水師営の会見におけるステッセルしかり、旅順が陥落したあとの合同慰霊祭では、祭文を読み上げる乃木の姿に、言葉のわからない中国人までが涙を流したという。そういう人間が明治天皇には、「家の子郎党」のごとく従った。主君の天皇とすれば、首を切ることはできない。

児玉があのとき陣頭指揮に立って戦線を立て直し、旅順を落としたのは確かです。ただ、児玉に全軍をひきいる軍司令官が務まったかどうかはわからない。

原　もし山県が総司令官だったら、とてももたなかっただろうし、児玉も最初から要塞攻めを任されていたら、果たしてうまくやれたかどうか。途中で児玉の応援をもらったけれども、第三軍を最後までまとめきった点では、乃木の功績はあったと思いますよ。司馬さんは軍隊指揮官の統率力を軽視していますよ。

半藤　最後は白襷隊までできたぐらいですからね。

原　あれだけの犠牲を出しながら、兵隊さんはちゃんとついていきました。

秦　それは乃木に従って行ったんじゃなくて、日露戦争で日本の運命が決するということを、末端の兵隊に至るまで理解していたからじゃないですか。そのほうがより重要であって、乃木の人格ゆえに、第三軍の兵隊たちが命を投げ出したとは思えない。

半藤　それこそ『坂の上の雲』で司馬さんがさかんに主張していることなんです。

松本　戦後、「乃木や東郷といった将軍たちが明治天皇を支えたのが日露戦争だった」という神話ができあがっていく中で、〝国民の戦争〟だったという側面を、やはり重視したい。

秦　そう思いますね。

半藤　私は、水師営の会見でのステッセルの遇し方をみても、原さんのいう、将としての人間的な厚みが、乃木さんには十分あると思いますよ。『坂の上の雲』での書かれようはちょっと気の毒ですよね。武士の礼にならい、ステッセル以下の全員に帯剣を許したなんてことは、アメリカ人の新聞記者、ウォッシュバンの本にも残っているわけですから、小説にも書いてほしかったなあと思うけれども（笑）。

松本　司馬さんは、乃木が持っている〝美学〟が嫌いなんですよ。戦争は美学でするものじゃないと司馬さんは考えている。乃木は陽明学の人ですから、武人としてどう生きるか、といった美学の問題が常に現実を圧倒している。

秦　児玉が決死の覚悟で旅順に行ったそのとき、乃木もまた別の意味で、死ぬ気になっているわけですよ。二個大隊を率いて、自分が先頭に立って二〇三高地に突撃するつもりでした。このよき〝死処〟を得る式の考え方は、まさに美学以外の何ものでもない。

それに対して児玉は、若い頃、西南の役で軍旗を奪われた乃木が、自殺しようとするのを監視した日以来、幾度となく、追い詰められた乃木の面倒をみてきていますから、今回も乃木の心は読めている。

そのうえで、乃木が生きようと死のうとそんなことはかまわん、ただ大局的にみて、旅順を攻めている乃木への恐怖感がロシア軍に強い。それを使わない手はないと。

松本　奉天会戦では乃木軍が出てきたとたん、向こうはビビっていますからね（笑）。

秦　だからそれを活かすためにも、ここで乃木に突撃されて、死なれては困るというんです（笑）。あのあたりの心理的駆け引きには、どちらも大真面目なんですが、二人の性格の違いがよく出ているというか、歴史の面白さを感じます。

半藤　そういいながら児玉のほうが、戦争が終わったとたん抜け殻みたいになって、すぐに死んでしまうんです。

戸高　あれだけ働けばね。秋山真之もそうですが、児玉さんも日露戦争で燃え尽きたんでしょう。私は、秋山、児玉の二人が早く亡くなったことが、日露戦争の後始末が悪かったことに影響を与えていると思います。

乃木信仰が残したもの

松本　『坂の上の雲』では、とてつもなく無能な将軍として描かれたのに、乃木を神格化する〝乃木神話〟はその後も日本人の中に長く生き残りました。

半藤　そうなんですね。

松本　そして乃木神話の行き着いた先が、太平洋戦争期の大日本帝国陸軍だと思うんです。つまり合理性に基づいた判断にはよらず、武人としての生き方・死に方で名を惜しめばいいのだと。

たとえば、陸相の東條英機が示した「戦陣訓」の「生きて虜囚の辱《はずかしめ》を受けず」を例にとっても、日清戦争の頃から似た観念はあった。ただ、日清・日露の戦争では、それが「敵兵が投降してきたら殺すな」という捕虜優遇と対になっていたんですね。ところが、大東亜戦争ではそこの部分は抜きにしてしまって、武人としての精神論や様式美に転化していくわけです。

半藤　昭和三年の「統帥綱領」には「軍隊指揮の消長は指揮官の威徳にかかる」とあります。威厳と人徳です。例の戦陣訓も元来は、「我々日本人のふるさと、郷土の不名誉になるようなことをしてはいかんぞ」という主旨です。それを島崎藤村や和辻哲郎がよってたかって、「生きて虜囚の辱を受けず」なんて名文にしたのがいけなかった（笑）。もとのままならどうということのない内容なのに。

松本　そういう意味で、大東亜戦争の間違いの大本を考えるとき、乃木さんに還元していかれる部分は大きいと思います。帝国陸軍がおかしなほど軍旗を神聖視したのも、元をたどれば、西南戦争で西郷軍に軍旗を奪われた乃木さんが自殺をはかるほどに責任を感じた、という個人的なエピソードに端を発したともいえる。

半藤　それまでは軍旗信仰なんてなかったんですよね。でも、乃木さんという人は、〝よき明治人〟という気がするんですがねえ。

秦　他にも多数いたでしょう、よき明治人は（笑）。

半藤　ただ、明治天皇が亡くなったとき、乃木さんは自刃するでしょう。それで神格化されてしまった。あれがよくなかった。

松本　国家に殉じるのではなくて、明治天皇個人のために忠誠を尽くすという死に方は、近代国家のエートス（精神）ではないですからね。北一輝ふうにいえば、近代の「愛国」ではなく、中世的な「忠君」です。

戸髙　戦後生まれの私には、乃木さんは遠い感じがするんですね。近代軍の指揮官というイメージはなくて、まさしく〝ラスト・サムライ〟です。最後の侍なのだから、自然に消えていくはずだったのに、あの殉死によって〝神様〟になり、カリスマと神格だけがあとに残された。日本の軍隊が近代化されるべきときに、中世的な倫理観を引きずったがために、ビジネスライクな軍隊にはなりえなかった。その原因を乃木さんがつくっていったという気がします。

原　この責任は、軍だけでなく、マスコミ、社会一般にもありますよ。

半藤　旅順戦に日本軍が投入した兵力は約十万人。死傷者数は六万二百人で、そのうち戦死した兵士の数は一万五千人です。一割五分が戦死したというのは、世界でもあまり例をみない。山が日本兵の遺体で埋め尽くされたといわれるのが、腑に落ちる数字です。

松本　友安（治延少将）旅団の副官だった乃木の次男、保典《やすすけ》も、この旅順の二〇三高地で戦死していますね。金州城外で亡くなった長男の勝典に続き、乃木は息子を二人とも失ったことになります。

半藤　旅順陥落後、乃木希典が二〇三高地を、爾霊山《にれいさん》、つまり爾《なんじ》の霊がやどる山と呼びかけ、この地に斃《たお》れた無数の者たちへの鎮魂として詠んだ詩が、「爾霊山」です。「乃木三絶」のひとつに挙げられています。

爾霊山　嶮《けん》なれども豈《あに》攀《よ》じ難《がた》からんや
男子功名　艱《かん》に克《か》つを期す
鉄血山を覆うて　山形改まる
万人《ひと》斉しく仰ぐ　爾霊山

厚遇されたロシア軍捕虜

半藤　年があけて明治三十八年の元日に、旅順のロシア軍が降伏し、一月五日にステッセルと乃木将軍との間で「水師営の会見」が開かれます。旅順開城に際し、日本側は十項目の要求を出している。その第七条が、「将校、官吏、義勇兵にして、本戦役の終局に至るまで武器を取らず、如何なる方法に於ても日本軍の利益に反する行為をなさざることを筆記宣誓する者は、本国に帰るを許す」というものです。

これに対し、ステッセルは「了解したが、皇帝に許しを乞いたい」と申し出て、電報を打つ。そしてニコライ二世から、「朕は宣誓して帰国するも、捕虜と運命を甘受するも諸君が自由に選ぶことを承認する」と返事がきたので、ステッセル以下将校四百四十一人、下士官兵二百二十九人が日本軍に宣誓して、二月十日、フランス船に乗り本国に帰りました。

松本　本当に国際法通りに戦後処理をしていますね。ステッセルは帰国後、軍法会議にかけられて、余力を十分に残して降伏した罪を問われ、死刑判決を受けますが、後に特赦となりました。判決を知った乃木の、陰ながらの働きかけが影響したといわれます。あの時代、捕虜になること自体は、不名誉でも何でもありませんでした。

戸高　ロシア軍の兵士たちは、「マツヤマ、マツヤマ」と連呼しながら投降したそうです。

原　愛媛県の松山に収容所があって、捕虜はそこに送られ、厚遇されたんですね。

戸高　あの頃の戦争には人間味というか、武士道、騎士道の名残りを感じます。攻撃中止の命令が出ると、日露両軍の兵士たちが喜びを爆発させ、日本兵が堡塁に入って行き、酒を酌み交わしたり、中にはそのまま旅順の街へともに繰り出す者たちまで現れたと『坂の上の雲』に出てきます。

松本　大東亜＝太平洋戦争のときのように、我々が正義でアメリカは鬼畜であるなんてことは言わない。従軍記者の志賀重昂が書いていますが、旅順の戦闘中、休戦の〝赤十字の日〟になると、朝から死者を収容したり、病兵を野戦病院に送ったりしてお昼過ぎにはだいたい終わる。すると、日本軍はコニャックとブランデーを出し、ロシア軍はウォッカとマーテル・ブランデーでお互い乾杯して宴会をしたと。そして三時にお開きになると、「ではもう一戦やろう」と、砲撃戦を再開したといいます（笑）。

戸高　当時海外で発行された、日露戦争に関する日本への評論をまとめた本が水交社から出ていますが、特に日本の捕虜に対する待遇のよさは高く評価されています。日本に連れてこられたロシア人捕虜について、「捕虜になっている間が、彼らにとって人生最良の日であろう」なんて書いてあるのがおかしい（笑）。

とです。

講和の道筋をつけた金子堅太郎

半藤　松山ならロシアよりはるかに気候もいいですよ（笑）。それよりも日露戦争で一番偉かったと私が思うのは、開戦前から、やめどきを考えて、あらゆる手を打っていたことです。

秦　日本が優勢のうちに第三者による講和へ持ち込む――。

松本　枢密院議長だった伊藤博文が、貴族院議員の金子堅太郎を開戦と同時に、アメリカに派遣するでしょう。ルーズベルト大統領と金子がハーバード大学の同窓で、卒業後も交際があったことを把握していて、うまく使ったわけです。

秦　戦争中の対世界プロパガンダ、つまり宣伝戦ですね。金子は、戦争中はずっとアメリカにいて、しばしば講演をする、パーティーに出る、論説をあちこちに書くといったぐあいで、まさに獅子奮迅の働きをしています。講和の道筋がつくまでに、金子がアメリカで行った講演や演説は百数十回にのぼるといいます。

半藤　全権大使としてではなく、一議員として活動したことが功を奏したのです。一方、ロシアは新聞を買収したり、露骨すぎる世論工作が目立ちました。

秦　アメリカ人の気質を熟知していればこそ、です。

松本　金子は旅順口でマカロフが爆死すると、すぐさまその死を悼む追悼演説をしています。開戦当初は見向きもされなかったのが、だんだん応援してくれる人たちが増えて、最終的にはアメリカ世論の八割が日本を支持するまでの成果をあげます。

秦　その仕上げが、ルーズベルトによる和平仲介です。少しずつ大統領を味方に引き入れながら、だんだんその気にさせていった、これはたいへんな仕事だったと思いますね。

半藤　ひとつには、日露戦争の開戦理由がはっきりしていたからですよ。太平洋戦争のときは「八紘一宇」しかないんですから、これではどこの国も乗ってこない。その点、日露戦争のときは「日本の独立を守る」「ロシアの膨張を防ぐ」という大目的が厳然としてありましたから、世界の理解を得られました。

松本　旅順陥落のあと、ルーズベルトは大喜びして、さっそくドイツ、イギリスとも諮って、講和の可能性を模索します。しかし、ロシア側はこれを拒否する。

秦　ロシアにとっては、陸は奉天での大決戦、海では日本へ向っているバルチック艦隊と、奥の手が二つも残っている。「本番はまだこれから」という気持ちでいたのでしょう。

第五章　陸上決戦の地、奉天へ

秋山好古（左）は騎兵主体の秋山支隊を率い敵の後方を攪乱。元桑名藩士・立見尚文（右）は臨時立見軍を指揮して大奮闘

奉天会戦をめぐる動き

＊明治 38 年（1905 年）

1月25日	黒溝台の戦い
2月22日	日本軍の最右翼・鴨緑江軍が陽動のため前進を開始（奉天会戦）
2月27日	日本軍の左翼・第三軍が北上を開始
3月1日	日本軍の総攻撃始まる。ロシア軍は第三軍方面に戦力を向ける
3月3日	秋山支隊がロシア軍の西方、大房身を攻略
3月6日	第三軍の一部がロシア軍の攻撃で敗走
3月8日	日本第三軍の進撃で退路を絶たれることを恐れた総司令官クロパトキン将軍が、退却命令を出す
3月10日	大山巌満州軍総司令官が戦闘終結を宣言
3月15日	大山総司令官、奉天城に入城

黒溝台の不覚

半藤　長かった旅順の戦闘が終わり、第三軍は休む間もなく、北進を始めます。評判の悪かった伊地知幸介に代わり、新しく小泉正保少将が第三軍の参謀長に就きますが、この人はすぐにいなくなります。

秦　遼陽に移動中、列車から川に転落したんでしたね。

半藤　夜、小用に立ったところ、列車が鉄橋の上に停まっているのに気づかず、下に飛び降りてしまったんです。当時、列車の中にトイレはありませんからね。それで重傷を負ってしまった。

秦　その後任の松永正敏少将も、まもなく黄疸になって、参謀副長の河合操中佐が代行しているし、第一師団長の松村務本《かねもと》中将は行軍中、脳溢血で急死してしまう。

半藤　本当に第三軍はついてないですよ。しかも、第三軍から第十一師団を引き抜いて、鴨緑江軍が新設されます。司令官は薩摩の川村景明《かげあき》大将。朝鮮半島の鴨緑江付近で国境防備にあたるはずでしたが、総司令部たっての希望で、他の軍と一緒に奉天決戦にのぞむことになります。

秦　その前哨戦ともいえる黒溝台《こっこうだい》の戦い（一月二十五日〜二十九日）ですが、これは、満州軍総司令部、最大の失敗でした。

半藤　勝つには勝ちましたが、一時はかなり窮地に立たされましたね。

秦　秋山（好古）支隊や、立見尚文中将の第八師団の敢闘で持ちこたえましたが、総司令部は判断ミスの連続でした。

原　そのひとつが、戦闘の時期です。満州の冬は非常に厳しい。それで沙河の戦いのあと、両軍とも冬営に入っています。何もかも凍ってしまって、銃も満足に扱えないし、ツルハシも地面に打ちこめない。そんな状態になる真冬の一月に、ロシア軍が攻勢をかけてくるはずはないと、頭から決めてかかっていた。そこを衝かれました。

松本　ロシア軍は、寒さに強いことでは世界一ですよ。

戸髙　第二次世界大戦の時も、ドイツ軍の銃が凍りつくような寒さの中を、ソ連軍は攻撃しています。耐寒装備では、一種のノウハウがある。

秦　やはり油断でしょうね。旅順は落としたし、総参謀長の児玉源太郎も開戦前は、「勝敗は五分五分がやっと。それをなんとか六分四分まで持ち込んで、第三者の仲裁を待つ」という目算でいたのが、ここまでは勝ち続けましたからね。

半藤　秋山支隊はこのとき、第二軍に所属して最左翼にいます。秋山の司令部がある李《り》大人屯《たいじんとん》や、韓山台、沈旦堡《ちんたんぽ》、渾河《こんが》のほとりにある黒溝台などは、ロシア軍が日本軍の左翼から回りこもうとした場合、拠点となるような場所です。こういった要点に腹心の部下を配置して守りにつかせた。

原　東西三十キロメートルを、八千人で防備しています。

半藤　そのほかにも、秋山は騎兵をあちこちへ偵察に出して、「ロシア軍が来そうだ」と何度も報告をあげるんですが、不思議なほど、総司令部は信じないんですね。

松本　当時、諜報活動の拠点だったロンドンの日本公使館経由でも、同様の情報が入っていました。しかし、「ロシア軍が厳寒期に動くはずがない」とはねつけています。

秦　作戦参謀の松川敏胤ですよ。児玉は松川をひいきにしていました。

原　情報の軽視を招くのは、思い込みからです。ノモンハン事件のときも、駐ソ連大使館付武官の土居明夫大佐が、シベリア鉄道でモスクワから帰ってくる途中、ソ連の大兵団が東へ送られるのを見て、関東軍の参謀や大本営に伝えましたが、「そんなはずはない」と一顧だにされなかった。

地形的なことでいえば、秋山支隊がいた黒溝台のあたりは、広漠たる平地です。総司令部は、どちらかというと山地で戦いたいと考えていたと思います。元来、そっちのほうが得手だし、兵力差を考えても都合がいい。それが頭にあるから、敵が黒溝台方面に強襲をかけてきたときも、うまく対処できずに失策が重なった可能性が高い。

半藤　一方、ロシア軍側も、待っていられない事情がございまして（笑）、ひとつには、乃木の第三軍が北進してくる前に攻撃をかけたい。

もうひとつが、大将同士の不仲ですね。新任のグリッペンベルグが着任してみると、クロパトキンと同格だったはずが、相手は「極東陸海軍総督」に立場が上がっている。自分は、第一軍から第三軍まで三人いる軍司令官のひとりに過ぎず、クロパトキンの命令に従わざるを得ない。これは相当頭にきたようです。

秦　軍人としては、グリッペンベルグのほうが先輩ですしね。当然、一日も早く日本軍から勝利をあげて、クロパトキンに一矢報いてやりたいと勇み足になる。クロパトキンのほうは、「お手並み拝見」というところでしょう。

日露騎兵の偵察合戦

半藤　黒溝台の戦いでは日露両軍とも、騎兵が活躍します。ロシア軍は戦いの前に、威力偵察として、ミシチェンコ中将のコサック騎兵集団一万人を南下させ、長駆して営口を襲わせます。営口は日本の補給基地のひとつです。

松本　この偵察によって、最左翼の秋山支隊あたりが手薄だと見抜かれて、狙われることになる。

戸髙　日本軍も負けてはいない。永沼秀文中佐率いる挺進隊をはじめ、秋山配下の騎兵隊が、敵陣深く侵入しました。

原　永沼挺進隊は、騎兵が百七十六騎、それと現地で雇い入れた蒙古人（馬賊）二百人からなる馬隊を連れていっています。

半藤　数では日本人より馬賊の方が多い（笑）。そうやって、現地の馬賊をうまく利用しているわけですね。

松本　彼らには、西洋の騎兵のように整列し、隊伍を組んで攻撃をかけるという発想はない。馬を自在に操って、馬上で刀や長槍を振り回したり、馬の腹にへばりついて奇襲をかけたりする、いたって野性的な戦法でしょう？

戸髙　チームプレーと個人技の差ですね。

松本　ロシア人は十三世紀の〝タタールのくびき〟以来、蒙古族に対してトラウマがありますから、怖がりますよ（笑）。

半藤　コサック騎兵も優秀だと聞きますが、そんなに違うんですか。

原　馬賊は馬から下りずに戦いますからね。子供のころから訓練されていますし、戦場でも、味方の遺体を馬上から軽々と拾い上げて去っていく。

日本の騎兵は、ご存じのように秋山好古が丹誠して作り上げたものです。「日本の騎兵は〝馬のようなもの〟に乗っている」といわれた程、馬も貧弱だった。だから、敵と遭遇して「これはキツイ」と思ったら、すぐに切り替えて馬を降り、防禦体勢に入ります。

戸高　馬が貧弱では騎兵はだめだということで、日本陸軍は軍馬の改良に必死になるのですが、なかなか簡単にはいかない。

原　ヨーロッパでは、騎兵部隊の後ろに必ず砲兵隊がつきますが、日本の場合、騎兵自ら馬を降りて機関銃で反撃する。徒歩戦というんですが、騎兵には本来ない戦法です。

松本　騎兵用の機関銃を使って反撃していますね。

秦　しかし、騎兵は戦場における戦闘能力がそう高くない。機動力を生かして偵察したり、奇襲をかけて軍事施設を焼き払ったり、列車や線路を襲撃したりするゲリラ的戦法が主です。

ミシチェンコの騎兵集団は、ロシア軍最強といわれるだけあって能力も高いはずですが、そのわりに成果はあげていません。鉄道も爆破できず、営口はじめ日本の兵站基地に壊滅的な打撃を与えないまま、わずか八日で、「台風一過」さながらで引き揚げています。「コサックがきた!」と恐怖心を煽るのが目的だとしたら、日本軍にはあまり効き目がなかったのか……。

松本　チンギス・ハンの正体は、あの源義経だと言いますから(笑)。一方、永沼挺進隊は、二カ月半かけて千六百キロを移動し、ロシア戦線の後方六百キロの地点まで達しました。当初、目標とした窰門《ヤオメン》大鉄橋の爆破は、警備が厳重だったため断念しましたが、新開河の鉄橋の爆破や、四平街停車場、沙河停車場の破壊工作などに成功しています。

原　これこそ騎兵の機動戦法です。永沼隊は偵察の帰路、ミシチェンコが出した追跡隊と遭遇して激戦の末、撃退していますしね。

半藤　秋山好古は、永沼挺進隊に続き、長谷川戌吉《じゆきち》少佐の第二挺進隊、建川美次中尉や山内保次少尉らの斥候隊をいくつも出しています。どれも千キロ以上を移動していますから、彼らの活動がロシア軍に伝わったとき、「日本の騎兵一万騎と、馬隊二万人が後方に潜入してきている」と、ずいぶん話が膨らむんです。

秦　広範囲のあちこちに出没するのを、ロシア側は最大限に多く見積もった。クロパトキンはそれを聞いて、ミシチェンコ騎兵団を前線から下げ、三万人の大兵団を後方の警戒に当たらせます。おかげで奉天会戦では、ミシチェンコの軍団は実質的な戦闘に参加していない。日本軍にとっては、これが一番もうけものだったかもしれません。

臨時立見軍の大奮闘

半藤　ここまでが会戦が始まる前に起きたことですが、明治三十八年一月二十五日、日本軍の最左翼である黒溝台付近に、ロシア軍が大攻勢を仕掛けてきました。騎兵を主体とする秋山支隊は、東西一列に、東から李大人屯（好古の司令部）、韓山台（三《み》岳《たけ》於《お》菟《と》勝《かつ》中佐支隊）、沈旦堡（豊辺新作大佐支隊）、黒溝台（種田錠太郎大佐支隊）という配置をとっています。

　このうち西方の沈旦堡と黒溝台を撃破して南下し、日本軍を西側から包囲して殲滅しようというのが、グリッペンベルグの壮大なる作戦でした。この黒溝台を軸とする戦いにおける兵力は、ロシア軍が十万五千、日本軍が五万四千です。

松本　兵力八千の秋山支隊に、敵の大軍が押しよせた。あっという間に、黒溝台の種田支隊が全滅しそうになり、総司令部は立見尚文中将の第八師団（弘前）を応援に差し向けます。

秦　兵力二万の第八師団は本当によく戦いました。総司令部の見立ての甘さから、助けに行った自分たちまで危うくなってね。

原　第八師団まで危ないと知って、ようやく総司令部はことの重大さがわかる。そして主力正面から兵力を抜いて黒溝台にまわし始めます。一月二十六日には、第四軍の第五師団（広島）と第一軍の第二師団（仙台）を、二十七日には第二軍の第三師団（名古屋）を援軍部隊として送りこみ、「臨時立見軍」を編成します。

秦　兵力の逐次投入、もっとも拙劣とされる戦術です。

半藤　おまけに、黒溝台を一時的に放棄して、ロシア軍をおびき出してからたたくという策に出て、あとで取り返しに行くことになり、ひどい目に遭っています。

松本　ロシア軍は一度奪ったら、さっさと陣地を構築し始めますからね。

秦　一時放棄は、由比光衛という第八師団参謀長が出した案ですが、あれだけの兵力差がある場面で、そんな小細工がうまくいくわけがない。しかも、総司令部命令で秋山に断りなく、黒溝台の種田支隊を撤退させています。

半藤　臨時立見軍が到着するまで、「とにかく固守せよ」という秋山の命令でがんばっていたんですがね。しかし、秋山支隊の各拠点を守る支隊は、援軍なしでよく孤軍奮闘しました。秋山も、「豊辺大佐の沈旦堡は全滅したに違いないと、何度思ったかしれない」と、戦後語っていたそうです。

秦　十倍の敵兵力に対し、東西三十キロをわずか八千人程度で守ること自体、無理な話ですからね。

戸髙　無理を可能にしたのが、立見尚文中将その人です。自軍が全滅の危機に立ったとき、広島師団が応援に来ると聞いて、「日本最強を誇る我が師団に、これほどの恥辱があるかァ」と、憤激した。各隊の命令受領者を集めて、中国風の長持ちの上で足を踏み鳴らしながら檄を飛ばし、しまいには蓋を踏み抜いたといいます（笑）。

半藤　立見はひと息つくと間髪いれずに、師団の全兵力をあげて夜襲をかけたんですね。そして黒溝台をとりかえし、ロシア軍を退却させたわけですが、信じられないような働きぶりでした。

秦　立見軍の死傷率は七割を超えています。こんな数字は世界的にも、ほとんど例がない。軍司令官に任命するには天皇の裁可が必要ですから、あくまでも〝臨時〟立見軍で終わりましたが、立派に軍司令官の役割を果たしたといって過言ではない。
立見尚文は、日露戦争後に凱旋をしてくると、すぐに病気で死んでしまいます。そういう点では〝幻の名将〟という感じがしなくもない。八年間師団長を務めた弘前では、神格化されて語りつがれているそうです。

松本　元桑名藩士で戊辰戦争からの歴戦の将でした。

秦　立見には、〝不敗の名将〟という表現がふさわしいでしょう。雷神隊として戦った北越戦争も全体としては負けですが、太平洋戦争で〝不敗の指揮官〟と呼ばれた宮崎繁三郎と同じでね。いわば、野戦軍指揮官の鑑《かがみ》です。

大山巌、将たるものの器量

半藤　ところがそのいっぽうで、二十八日の夜には、なんと、クロパトキンが退却命令を出していたんですね。立見が黒溝台を取り返す前なんです。終わってみると、死傷者数は日本軍が九千三百、ロシア軍が一万一千余と、確かにロシアのほうが多いですが。

原　日本軍が主力正面で大砲を撃ったりして、正面から攻撃をかけるそぶりをしたことに、敏感に反応したといわれます。

松本　勝っていると信じていたのに、クロパトキンから作戦中止命令を出されたグリッペンベルグは激怒して、辞表を叩きつけ、ロシア本国に帰ってしまいます。

半藤　仲間割れのおかげで、日本は何とか勝ったわけです。

原　日本側は、真ん中の第二軍、第四軍からだいぶ兵力を抜いて、左翼の応援にまわしていますから、あのタイミングでクロパトキンに正面攻撃をかけられたら、負けていたと思いますよ。

半藤　ところが、クロパトキンにとっては日本に勝つことより、グリッペンベルグに手柄をあげさせたくなかった（笑）。

原　指揮官同士の権力争いが、これほど露わになると致命的です。

秦　そういえば、沙河会戦で梅沢旅団を包囲したレンネンカンプとサムソノフ、この二人も仲が悪いんです（笑）。奉天会戦の直前、奉天駅で殴り合いの大喧嘩をしているのを、ホフマンというドイツ人の観戦武官が目撃しています。このホフマンは、第一次世界大戦のタンネンベルクの戦いでドイツ第八軍の作戦主任参謀でしたが、このときもレンネンカンプとサムソノフの不仲を利用して、ロシア軍に大勝しました。

原　児玉以下、総司令部が浮き足だっているとき、大山ひとりが冷静沈着だったとはよくいわれますね。

戸高　「児玉サン、朝からだいぶ大砲《オオヅツ》が聞こえるようですが、一体どこですか？」と(笑)。どこまで本当の話か、怪しい気もしますが、大山さんならありそうな話です。

原　それでみんなを笑わせて、冷静さを取り戻させたといいますね。大山は、最初から「敗《ま》け戦になったときは、自分が指揮をとる」と覚悟していましたから、その話が本当だとすれば、あのときが一番〝敗け戦〟に近かったということでしょう。児玉は意気消沈しているし、秋山はやられっぱなしで、正面にも敵が大勢いる、兵力は不足していて砲弾も不足している。

半藤　そこで悠々としていられるというのが、将たるものの器でしょうね。大山さんは、総大将としてはもってこいの人でした。

秋山好古の騎兵戦略

秦　秋山好古の人生のハイライトは、この黒溝台の戦いでしょうね。日清戦争ではあまりぱっとしなかったし、その後もこれという戦歴はない。

原　確かに秋山が評価された戦いでした。このときの活躍が買われて、次の奉天会戦でも難しい任務につきます。

しかし、黒溝台付近の平地、三十キロ幅を騎兵一個旅団半で警戒せよと命じられて、秋山は困ったと思いますよ（笑）。左の横腹はパーッと開けていますからね。そこで秋山がとった策が、広大な平地に点在する集落を防禦の拠点とする、〝拠点式防禦〟です。中国人の民家を使って野戦築城する。土塀に穴をあけて銃眼をつくるなど、かなり徹底して準備をさせています。

半藤　それが堡塁になるわけですか。

原　全体が防塞になります。あれだけの猛攻撃を受けて、豊辺連隊長が沈旦堡を最後まで死守できたのも、あらかじめこうした築城があればこそです。第八師団を投入し、さらに第二師団、第五師団を持っていったとき、そこを支点に相手を押し返すことができた。

松本　中国の土塀は日本のように囲ってしまわずに、中を人が通り抜けられるようになっている。土塀自体ものすごく厚いので、当時の小銃や機関銃では破壊できません。

半藤　日本の陸軍は防禦嫌いなのか、「攻撃こそが最良の防禦」といって、防禦の仕組みをあまり考えない。実は、防禦するのはすごく大変なんです。そして大事なんですよ。

原　特に騎兵は攻撃兵力ですから。日本陸軍は、騎兵の価値をずっと認めないできています。秋山旅団は歩兵が増援されて支隊になりますが、基本的には、騎兵を歩兵のように使う、つまり騎兵であっても防禦の戦闘ができる体勢でいくと。これが秋山の発想の軟らかさです。

秦　彼は防禦戦闘の名手です。しかも攻撃と防禦を、その時々に応じて両方ともできたのは、すごいことだと思いますよ。

原　永沼秀文はじめ、秋山の教えを受けた部下たちが、黒溝台でその本分を果たしました。

松本　戦後、永沼が語ったところでは、奉天会戦の後、好古は参謀の松川にガツンと言ったそうですね。「黒溝台での悪戦は、司令部の手抜かりがあったからだろう」と。それに対して松川は、自分の非を認めず、「お客さんが左翼方面から来るだろうと思って待っていたのだ」と。好古は激した口調で、「お客を待つなら待つで歓待の手段をとっておくべきだろう。それを準備のないところにお客さんに見舞われたからあの醜状を暴露したのではないか。敵の強大な集団が動いてくるという情報は、わが輩の手許からその都度報告し、警告しておったのに、総司令部で『ああ、また例の騎兵の報告か』とばかり信用していなかったから、あんな不始末になったのだ」と言い放ったそうです。

半藤　松川はさすがに何も言い返せなかったといいますね。

秦　秋山の弟（真之）の方はやっかみ半分で批判の声もあるようですが、好古を悪くいう人はいないんじゃないですか。

半藤　いや、なくはない。無能なのに大将にまでなったという声があります（笑）。

秦　それこそやっかみですな。

戸髙　弟の真之は、やっかまれてもいたけれど、早く亡くなったので、東郷さんに「智謀湧くが如し」と銅像に献辞を書いてもらって、天才ということで落ち着いてしまった。

松本　好古は最初、家計を助けるために大阪に出て、師範学校を卒業し、学校の先生になりました。十八歳で小学校の校長です。しかし、士官学校に入り直して、軍人になります。そして、陸軍大将までのぼりつめたにもかかわらず、晩年は、故郷松山で私立北予中学校の校長になった。秋山の指示は常に簡潔明瞭であったといわれますが、人生も首尾が一貫していました。毎日同じ時間に、学校まで馬で通っていたそうです。

半藤　中学生は勉強するのが大事だから、学校教練などする必要なし、と言ってやめさせた。司馬さんは『坂の上の雲』のラストで、好古が「奉天へ」とうめくように叫んで逝ったと書いていますが、本当は「馬引け！」が末期のことばだそうです。好古は戦場を最後にイメージしたのではありません。中学校へ行くつもりだったのですよ。松本さんがおっしゃるように、中学校へは毎日馬に乗って通っていたといいますから。つまり、最後は中学校の校長として死んだ。なかなかの人物だと思いますよ。

秦　秋山兄弟を比較しますと、弟の真之は、神経のかたまりみたいな人間で、ありとあらゆることに敏感に反応する。彼は参謀ですから、過敏であることはプラスでもあり、マイナスでもある。ところが野戦軍の指揮官にとって神経過敏は、概してマイナスにしか働かない。好古は、傍からは鈍重なぐらい無神経に見えたことでしょう。

戸高　戦闘中も行軍中も、馬上で水筒に入れた酒を飲み続け、弾丸が行きかう中で寝ていたりする（笑）。

秦　激戦場でも腰には指揮刀、首からは自決用のピストル一挺を提げている（笑）。こういう人間だから、黒溝台で全滅の危機に立ちながら、持ちこたえられたのだと思います。

日本騎兵のその後

松本　日露戦争は、騎兵が騎兵として戦った最後の戦争でした。その後、騎兵はセレモニーのお飾り的な存在になっていきます。

半藤　にもかかわらず、日本陸軍には昭和二十年まで騎兵旅団がありました。なぜ、最後まで騎兵を重んじたんですか。

戸髙　そのころの騎兵は戦車に乗っていませんでしたか（笑）。

半藤　でも、名称には〝騎兵〟とついているし、馬もいたんですよ。

原　第一次世界大戦後、「騎兵廃止論」が議論されたことがありました。陸軍将校の親睦団体の機関紙「偕行社記事」で、廃止論の国司《くにし》伍七少将と、騎兵第四旅団長の吉橋徳三郎少将が激しく論争しましたが、最後には吉橋さんが自殺してしまう。

半藤　その論争がもとで？

原　騎兵がないがしろにされるのが、しのびないと言ってね。それ以降、騎兵のことを議論するのはやめよう、という雰囲気になった。本当は吉橋さんの自決をうけて、もっと理性的に議論するべきだったと思いますが。

秦　日本だけでなく、敗戦後、東京に進駐してきたアメリカ軍も「第一騎兵師団」でした。もちろん馬はいませんよ。でも名前だけはずっと継承されていた。

松本　騎兵は、アメリカ人にとってはフロンティアの開拓精神の象徴です。インディアンを襲うのは、みんな騎兵でしょう。

半藤　そうか、ジョン・フォードの西部劇の傑作は騎兵隊ものですな。アメリカは西部劇のおかげで騎兵が残ったのか（笑）。

奉天会戦で使われた砲弾

半藤　黒溝台では思わぬ不覚をとった満州軍総司令部ですが、河の水が溶け出して泥沼化する前に、次の大攻勢をかける計画を立てます。それが日露戦争最大にして最後の陸上決戦となる奉天会戦です。兵力は、日本軍二十五万対ロシア軍三十二万、大砲の数は、日本軍九百九十門対ロシア軍は千二百門です。

秦　もう日本軍には、これ以上の戦力は残されていない。目標はこの一戦でロシア軍を徹底的に叩くことでした。作戦開始を目前に控えた二月二十日、烟台《えんだい》の総司令部に初めて各軍の司令官たちが集められますが、その席で大山が、「この決戦は日露戦の関ケ原である」と覚悟を表明しています。

松本　砲弾の予備は十二、三万発あるが、一発たりとも無駄に撃つことがないように、とも訓示していますね。

半藤　奉天会戦を終わってみれば、日本軍が撃った砲弾の数は三十六万発、弾丸は二千万発です。わずか十日間にこれだけ撃ちこんだ。

戸髙　旅順戦の五カ月で消費した量よりも多い。

半藤　対するロシア側も砲弾五十四万発、弾丸八千万発ですから、まさに死闘でした。

原　砲の数は確かに日本が少ない。ただ種類でいえば、ロシア軍が野戦砲を重視して使っているのに対し、日本軍は重砲をかなり使いました。

秦　攻城重砲も投入しましたね。

原　ええ。重砲と野砲の比率を比べると、日本軍は重砲の比率が高い。また戦場でも、重砲の威力がずいぶん発揮されました。

ロシア軍の三インチ（七十五ミリ）野砲は当時の新型です。従来の型は発砲したあと、砲ごと砲車が後ろに下がるので、人力で元に戻さないと次が撃てない。ところが新型は、駐退機により砲身が自動的に元の位置に戻るので、速射が可能になります。日本にこの野砲が導入されるのは日露戦争後のことです。

松本　駐退復座器つきですね。日本軍は、旅順戦で使った二十八センチ榴弾砲も持って行きましたね。

原　六門持っていきました。

秦　十八門のうち、たった六門？

原　二十八センチ砲はものすごく重いので、ぜんぶを奉天まで運ぶのは、とてもじゃないけどできない（笑）。

戸髙　それに、この大砲は砲座を造って据え付けるだけでも大変な土木工事が必要なんです。引っ張って行けば砲撃できるというようなものではない。

秦　実戦では地面が凍っていて弾丸が滑ってしまったといいますが、心理的効果は大きかったでしょう。

半藤　ドカーン、ドカーンと空も裂けんばかりの轟音がしますからね。そうですか、ロシア軍は野砲や山砲《さんぽう》が中心ですか。

松本　シベリア鉄道で延々と重砲を運ぶのはたいへんですから、どうしても軽い大砲が多くなるんでしょう。

原　野砲の弾丸は、ロシア側は榴散弾だけですが、日本は榴弾も持っていた。それに、奉天会戦の前には、機関銃が大量に補充されています。二百五十四挺とロシア軍の五十六挺より多い。一個連隊あたり六挺ずつは装備されました。ですから、火力の面では案外、日本側は健闘したんです。

鴨緑江軍のオトリ作戦

半藤 さて、奉天会戦の日本軍の作戦ですが、これが大胆なんですよ。まず、敵に向かって右翼(東側)から鴨緑江軍がロシア軍の側背を衝き、続いて左翼(西側)から、乃木第三軍と秋山支隊を右まわりに迂回させる。この両翼での二つの陽動作戦をもって、ロシア軍の兵力を散らしておいて、その間隙を衝き、主力の第二軍と第四軍が正面攻撃をかけて突破する。

配置は、東から鴨緑江軍、第一軍(黒木)、第四軍(野津)、第二軍(奥)、第三軍(乃木)。奉天の南、二十キロ地点の東西に布かれたロシア軍の陣地線で、両軍が激突します。

秦 少ない兵力で大きい兵力を包囲しようとしたわけですが、兵法の常道で考えれば、無理はないですか。

半藤 ロシア側はもう一度、日本の左翼、秋山支隊に大攻勢をかけるつもりだったんですよ。

戸高 それは黒溝台の戦いでやったでしょう。

半藤 グリッペンベルグがいなくなったので、クロパトキンは彼の作戦を流用しようとした。まことに男らしくない振舞いではありますが(笑)。

原　ロシア側は二月二十五日に攻勢に出る予定でした。ところがその前に鴨緑江軍が動き出したので、クロパトキンはそっちに気を取られて、その作戦は立ち消えになった。

秦　撫順に向け、最右翼を鴨緑江軍が進軍し始めると、クロパトキンは「乃木の第三軍が来た」とあわてて予備兵力を東へ動かしますね。シベリア第一軍団をはじめ、全兵力の五分の一ともいわれる大軍です。レンネンカンプもこのとき東に送られて、負傷しています。旅順戦で第三軍にいた第十一師団が、鴨緑江軍に移ったのを知らずに、勘違いしたからだといわれていますね。

原　あるいは、戦場諜報から第三軍と鴨緑江軍の情報が入り混じってロシア側に伝わった可能性もある。

半藤　旗とか、戦場で目に見えて判別できるものがあるんですか。

戸髙　部隊の所属がわかるような旗は出さないでしょう。行動の秘匿の問題ですから。

原　当時、戦場で正式に使ったのは連隊を象徴する軍旗だけです。それ以外は、幕僚や伝令が目印にする軍司令部の所在地を示す旗がある。上半分が赤で下半分が白の、六十センチ四方の旗を持って歩きます。

半藤　そこに「第三」なんて数字は書いていないんですか。

原　何も書きません。だから、旗では第何軍かわからない。

秦　日本兵を射殺して、ポケットから標識か何か出てくれれば、手がかりにはなるでしょうが。クロパトキンがみごとに引っかかったので、日本側に相手を攪乱させようという意図があったのかどうか、知りたいんですよ（笑）。

半藤　そこまで考えていたのだとしたら、それこそ深謀遠慮です（笑）。

戸髙　しかし、海軍にはロシア軍に偽情報を摑ませようとした話はありますよ。

原　第一、クロパトキンが第三軍を非常に恐れていたこと自体、日本側は知りませんでした。

半藤　総司令部では、むしろ乃木軍をあまり強くないと思っていた。

松本　旅順で消耗して、数も減っていますしね。それなのに最左翼で長距離を移動させて、「早く前進しないか」と叱りつけてばかりいる。総司令部は乃木軍に対して、かなり偏見があったと思うんです。旅順でひどい迷惑をこうむったと。

半藤　下手な戦争をするからだ、とね。

秦　それで意地悪されている面があった。ところがクロパトキンの方は乃木軍を、鉄壁の旅順要塞を半年足らずで落とした日本軍きっての精強部隊とみている。兵数も、三万四千人のところを十万人いると思っていたぐらいです。

半藤　乃木軍の存在は、奉天戦を通じて戦局の大きな鍵になります。

またも乃木軍にふりかかる困難

松本　実際に右翼の鴨緑江軍が動き始めたときは後備第一師団だけで、乃木の第三軍から派遣された現役兵を擁する第十一師団は少し遅れて合流し、二月二十三日に、清河城攻撃をしています。しかしこのとき乃木軍本隊はまだ、左翼には到着していなかった。

半藤　旅順から強行軍を始めたのが一月末でしょう。そんなに早く走れませんよ。

秦　清河城を落とした鴨緑江軍は、馬群鄲に駒を進める。一方、鴨緑江軍の成功を受けて、二十七日からは第三軍が左翼で旋回を始めます。クロパトキンはここで誤りに気がついて、再び兵力を移動させるという非常に無駄な動きをする。戦場では、何が幸いするかわかりません（笑）。

半藤　乃木さんの第三軍はかわいそうなんです。陽動作戦といえば聞こえはいいですが、要はオトリです。しかも、一番目のオトリである鴨緑江軍の方から引き返してきた敵の大軍を、ずっと受け止めなければならない。第三軍に甚大なる被害が出ることは当然です。

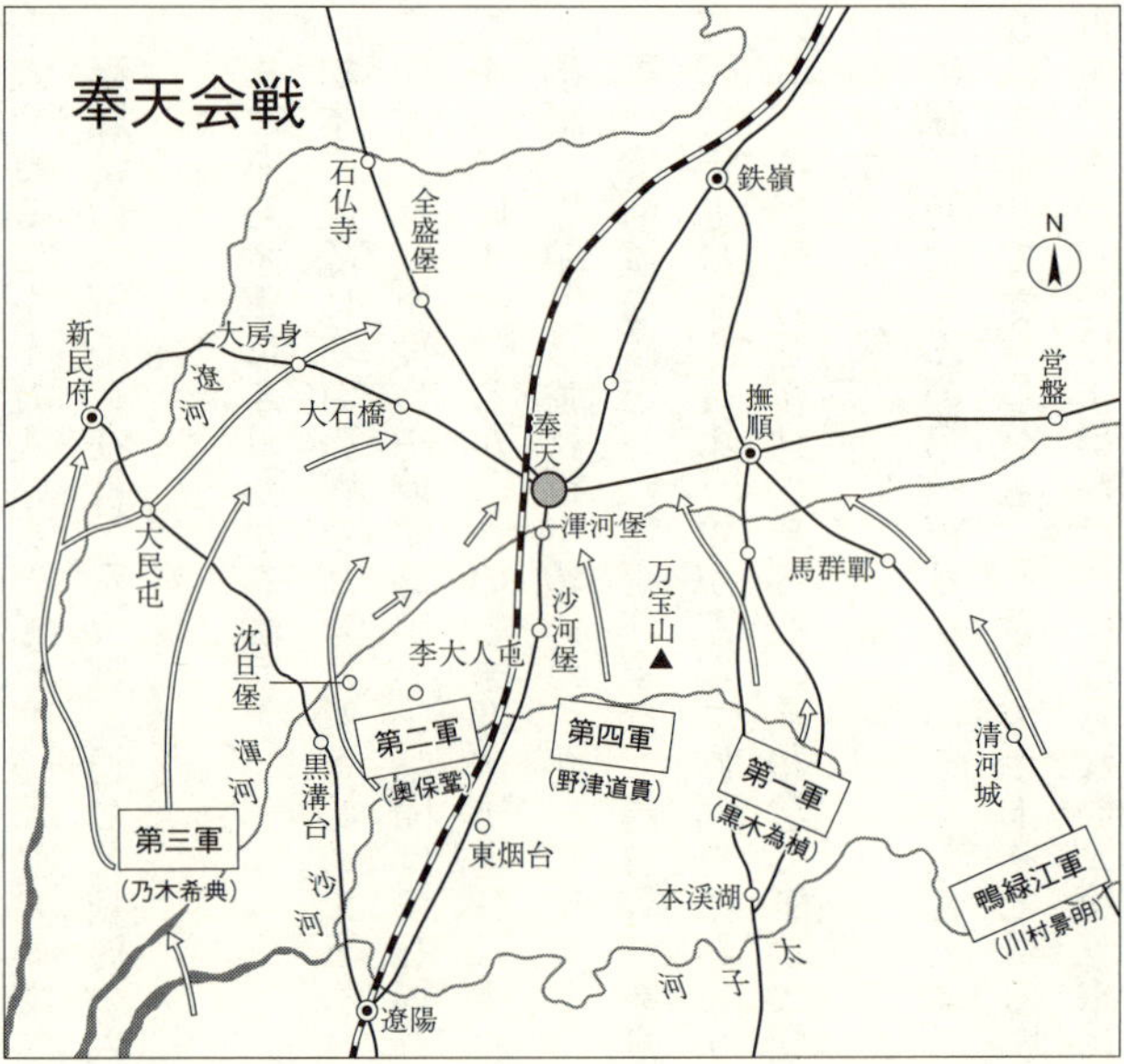

秦　結果からいっても、第三軍が一番損害が大きかったんじゃないですか。

松本　兵力三万四千人のうち、死傷者が一万七千人余り。うち将校が六百人戦死しています。

秦　半分以上の死傷率ですよね。第一軍は、鴨緑江軍を応援する役割もありますが、第二軍、第四軍は、乃木軍がロシア軍の背後に回りこむ間、正面の敵に対して砲撃を加えるのみです。

松本　乃木軍の迂回進撃を目くらましさせるためですね。日本軍の主力が総攻撃を始めるのが三月一日ですが、火力を優先的に持たされている第四軍でさえ、万宝山をはじめ、要塞化されたロシア軍の陣地をなかなか突破できません。

半藤　万宝山は沙河会戦のとき、日本軍が大砲を置いたまま敗走した陣地です。

原　鴨緑江軍も馬群鄲で止まったきり、前に進めずにいる。

松本　クロパトキンが第三軍に向けて、大兵力を送り込むのもその頃です。迂回行動の〝軸〟の部分にあたる第九師団（金沢）などは苦戦の末、潰滅寸前です。

秦　奥第二軍がなんとか目の前の敵を食い止めると、北へ進む乃木第三軍に「ロシア軍の退却路を断て」と檄が飛ぶんですね。

半藤　第三軍は、旅順戦のあとに応召した補充兵が多い。生きのいい兵隊さんたちでもなし、無茶ですよ。

松本　計画通りに正面の攻撃が進まないから、第二軍は第三軍の後ろをついて、西から迂回するよう作戦変更される。オトリ役だったはずの第三軍が、作戦全体の趨勢を握る立場になってしまった。

秦　敵の大軍を迎え撃たなきゃならないし、思うように北進もできない。それを、第三軍が前に行かないといって、総司令部の参謀たちが、がんがん電話でどなりつけるでしょう。「全員、討ち死にしろ」といわんばかりの勢いで。

戸高　三月二日には一日中、乃木軍と電話が通じなくなりますね。激昂した乃木さんが、電話線をひきちぎったという説もありますが。

原　確かに頭にきたとしても無理はない状況ですが、実は、通信網の構築がうまくできていなかったんです。第三軍の司令部が遼陽に着いたのが、奉天会戦の直前でしょう。当時の戦争は、通信のために線を引っ張って行かなきゃならない。第三軍にはその余裕もなく、どんどん前に行かされましたからね。

松本　電線が砲弾で粉砕されたともいわれています。

原　他の軍はじっくりやっています。

戸高　騎兵第一旅団が主力の秋山支隊は、三月初めに臨時で第三軍に編入されますね。ロシア軍の背後を衝き、鉄道を遮断する目的で、騎兵第二旅団と合わせて三千騎の大部隊になります。

松本　そして、三月三日には大房身《だいぼうしん》という集落で、ビルゲル中将率いる騎兵団と遭遇し、凄絶な戦いをしています。

原　三倍の兵力の敵を相手にしてね。ここでも秋山は下馬して、防禦陣地で対抗しています。騎兵を馬から降ろして陣地を固め、騎兵砲と機関銃で反撃した。ここで自分たちが崩れたら、作戦全体の鍵を握る第三軍の迂回運動が駄目になるからと、とにかく退かない戦法をとった。

半藤　このときも火力で敵を圧倒するんですよね。

松本　猛攻に耐えて、ロシア軍が退却したあとも深追いしない。砲兵とそれを援護する機関銃隊だけを前進させています。面白いことに、もう一度攻撃をかけられたら大変だと、自分たちも大房身からさっさと後退するんですね（笑）。

原　翌朝、敵が来ないとみるや、今度は猛然と北進し始める。なかなかこう臨機応変には動けないものです。

半藤　騎兵の面目躍如ですね。三月四日のうちに、秋山支隊が奉天の西にまで達したので、クロパトキンは退路を断たれることを恐れ、ひどく動揺します。

松本　しかし全体としては、第三軍は悲惨な状況ですよ。六日、大石橋付近では、無防備だった左翼の第一師団（東京）がロシアの大部隊に襲撃され、敗走兵が出ました。指揮官が戦死してしまい、統率がとれなくなったのが理由ですが、日露戦争では初めての事態です。

秦　大石橋では援軍が入って押し戻しましたが、九日にも同じ第一師団で大敗走が起こります。

半藤　一個師団が潰走した。後備兵だと年齢も四十代半ばです。士気も体力も乏しいのに、夜襲作戦を強いられて瓦解しました。

秦　第三軍の別の隊では、逃げまどう兵隊を旅団長が斬りつけるところまでいった。

第七師団（旭川）歩兵第二十八連隊では、連隊長の村上正路大佐らが、森林での夜間戦闘中に重傷を負い、捕虜になっています。日露戦争を通じて二千人ほど捕虜になった日本兵のうち、この村上大佐が最高級者でした。モスクワ近くのメドヴェージという村の収容所に入れられ、戦争が終わったあと、日本に帰ってきました。俘虜審問委員会の取り調べは受けたものの、無罪になったんですね。不可抗力の状態で捕虜になったのだから問題はないと。村上大佐は二〇三高地を攻略したときの指揮官で、勇戦して個人感状をもらっていましたから、粗略に扱うわけにもいかなかったのでしょう。

ところが結局、彼は陸軍をやめざるを得なくなった。部隊に戻ったけれども、下級将校が敬礼をしない。その仕打ちに耐えられなくなって辞めていったそうです。こういう捕虜に対する嫌悪思想が、日露戦争のあと徐々に高まってきます。

自国の捕虜に冷たい日本人

松本　日本人捕虜の第一号は、開戦直後に朝鮮の義州で捕われた東郷辰二郎歩兵少佐でした。全戦役を通じ、日本人捕虜は二千人だったのに対して、ロシア側の捕虜は七万人です。

秦　日露戦争では、帰国してきた捕虜が乗った列車が駅で停まるたび、婦人会などが「ご苦労さまでした」とお茶のサービスをしたりして、捕虜も胸を張っていた。それが、あっという間に変わってしまったのは不思議な現象です。

半藤　日露戦争の頃は、捕虜になること自体は、不名誉でもなんでもなかったはずですがねえ。

戸高　大正三年に出た原田政右衛門の『日本軍の暗黒面』には、日露戦争では指揮官が部下共々部隊単位で投降した例もあると書いてあります。だいたい兵隊に、捕虜となった場合の教育をしていないので、捕まった兵隊は何でもべらべらしゃべる。これはいけないというので厳しくなったとも言われています。

秦　捕虜を嫌悪する感情は、軍当局より、むしろ一般民衆のほうが先なんです。帰ってきた捕虜が村八分にされるケースが、あちこちで出てきた。村上大佐もその後、故郷の山口県から兵庫県に本籍を移していますが、理由は郷里で白眼視されたせいだといいます。どうやら地方ほど冷たかったようですね。

半藤　ロシアでの捕虜生活や、ヨーロッパをまわって帰ってくる道中では、大事に扱われている。しかし、故郷に帰れば、肉親や係累を戦争で失った人たちが周りに沢山いますからね。「戦わずして、敵の飯を食って帰ってきたのか」式の反応はあったかもしれません。

秦　その風潮に軍が追随した面がある。太平洋戦争でも、〝鬼畜米英〟を喧伝したのは、新聞・雑誌の類でした。しかし、戦争に負けたあとは、「あれは軍が強制した」というほうが通りがいい。例えば、自分たちの報道がもとで、集団自決が起きたなんてことは新聞も好まないでしょう。

戸高　日清戦争から日露戦争にかけて、日本のマスメディアは爆発的に規模が大きくなりました。日本海海戦のときの報知新聞の第一報、「大海戦、大海戦、大海戦、大海戦、大海戦、大海戦今は唯是《ただこ》れだけを云って置く」（明治三十八年五月二十九日付）が有名ですが、勝っている戦争ですから、とにかく新聞は煽りますよね。

半藤　詳細はわからないけれども、とりあえず大海戦であるとだけは伝えた（笑）。ポーツマス条約調印に反対した「日比谷焼き打ち事件」にしても、一種の情報不足からです。国民にはどれほどきわどい勝ちであったかは伝えられず、ただ「勝った、勝った」とだけ書くものだから、賠償金も領土も得られないとわかって暴動になってしまったんですね。

乃木軍を恐れるクロパトキン

半藤　敵大軍の反撃に阻まれて、北進できなくなっていた第三軍ですが、他の軍でも壊滅しかかった部隊がいくつも出ました。ただでさえ兵力が尽きかけている場面で、持久戦を強いられるわけですから、総司令部と各軍司令部の間でも諍いが生じます。

松本　第一軍が、鴨緑江軍に応援を出す要請を断ったとか、第二軍参謀長の大迫尚道少将と総司令部との間で作戦をめぐって亀裂が生じたとか。野津第四軍も、乃木軍の負担を軽くするため、全滅覚悟で万宝山堡塁へ深く攻め込め、と総司令部に命令されたり。どこも辛い状況が続いています。毎日千人単位の犠牲者が出る部隊がざらにありました。

半藤　もうぎりぎりですよね。ところが摩訶不思議なことに、三月七日から東部戦線と中央正面からロシア軍が退却を始めます（笑）。

原　ロシア軍が退く理由はどこにも見つからない。

戸髙　さすがに、リネウィッチ将軍やカウリバルス将軍が抵抗して、クロパトキンに戦闘続行を申し入れています。クロパトキンは、ここ一番で気力がなくなる。

秦　最後まで、クロパトキンが気にしているのは、乃木軍のことだけなんです（笑）。どれだけ叩いても北進を続けているのは、後方に予備の大兵力がいると見積もったらしい。

半藤　三月八日に退却命令が出ると、優勢のままロシア軍は渾河の線まで下がります。またあくる九日が、春の砂嵐なんですね。退却するロシアの大軍、最後の力を振り絞って追撃する第一軍、第四軍もこの砂嵐にまぎれて、河をわたります。

原　その翌日には氷が溶け出したから、間一髪でした。

半藤　三月十日の午後三時、日本軍は奉天城へ入城し、午後九時に大山巌総司令官が戦闘終結を宣言した。クロパトキンとロシア軍主力は奉天の北、七十キロメートルの鉄嶺まで下がりますが、その後も、第一軍や秋山支隊などの猛追撃を受け、さらに公主嶺まで下がる。しかし日本軍には、そこまで追いかける余力はない。

松本　三月八日の夜、ロシア軍に全軍退却の命令が出ると、その夜のうちに将兵たちは奉天駅から五十両編成の列車に次々と乗り込み、北へ去りました。敗走するにしては余力たっぷりです（笑）。

秦　クロパトキンは最初から最後まで、乃木軍の兵力を実際より大きく見積もって自滅したとしか言えません。

半藤　秋山支隊が奉天の北西に迫ったときも、三千騎を六千騎だと思っていたらしい。結果的に、乃木軍が戦勝の一原因をつくったといってもいいんじゃないですか。

原　クロパトキンは机の上では優等生かもしれませんが、実戦にはよほど向いていなかった。

戸髙　兵力は向こうが上回っていて、有能な指揮官や勇敢な兵隊たちもいるのに、なぜかクロパトキンだけが戦意を失う（笑）。逆説になりますが、日本軍はクロパトキンだけを相手に戦ったようなものです。

半藤　本人は次はハルビン決戦のつもりだったと思いますがね。日本軍はもうその手に乗る余裕はありません。

秦　奉天会戦で日本が勝ったかどうかという問題については、議論の余地が多少あると思いますね。けれど、陸軍大臣のサハロフが敗北を認め、世界世論も「ロシア軍敗退」と大々的に報じた。クロパトキンは、さすがに解任されました。

松本　代わりに、勇猛で知られる第一軍のリネウィッチ将軍が総司令官に昇格します。
半藤　まだ、ロシア側は戦争を続けるつもりなんです。
秦　しかし満州軍総司令部としては、大山巖が「今後の作戦は、政略一致したものであるべし」と大本営に上申書を出した。事実上の打ち止め宣言です。
松本　ハルビン決戦にのぞむ場合、必要な兵力と軍備が揃うのは、一年後という試算でしたから、これはもうどうにもならない。
半藤　日本陸軍はすっからかんになるまで戦いましたよ。奉天会戦における日本軍兵力二十五万のうち死傷者の数は七万人、ロシア軍は兵力三十二万のうち、八万人。ロシア側は、このとき二万人が捕虜になっています。
秦　旅順戦よりも大きな損害を出した戦いでした。頃合いのいいところで、講和に持ち込むというのが、大山・児玉コンビの一貫した気分でしたが。

参謀本部の野望

戸髙　満州軍の方はとにかく勝って、胸を撫で下ろす気持ちでいますが、東京の大本営とは温度差があります。こちらは相当、欲が出てきている（笑）。あのタイミングで鴨緑江軍なんて妙なものを造ったのも、大本営が自由にできる部隊が欲しかったのでしょう。

半藤　あれは大本営直轄で、あわよくば占領地を広げるつもりなんです。兵力も弾丸も不足しているときに別系統の軍を新設するとは何ごとかと、児玉は激怒した。幸い、軍司令官の川村景明が昔かたぎの人間で、「満州軍のいわれるとおりに働きます」とあっさり言って、奉天会戦に参加した経緯がありました。

余勢を駆って、一気にウラジオストクと樺太まで占領し、講和のときに日本の領土にしてしまおうというのは、長岡外史参謀本部次長の野望です（笑）。

秦　日本軍があれ以上戦争できなかった理由は、直接部隊を指揮する少佐、大尉、中尉クラスの戦死者数が半端ではなかったからです。いくら内地から新兵をかき集めても、すぐには戦力にはならない。

原　大隊長、中隊長、小隊長がいない。

戸高　完全に力は尽きている。それで、児玉がすぐ内地に帰ってきますね。勝利で頭がふやけた大本営をせっついて、講和工作を急がせるために。

半藤　『坂の上の雲』でいちばんの名場面は、長岡外史が児玉を新橋駅で出迎えるシーンだと思うんですよ。

児玉の帰国は極秘なので、駅には長岡だけが迎えに来ている。長岡の顔を見るなり、児玉が「長岡ァ」と怒鳴ります。長岡はこの怒鳴り声を一生忘れず、ことあるごとに児玉の思い出として語ったというんですがね。司馬さんは、このあと「馬鹿かァ、お前は」という史実にはない一言をつけ加えています。でも、あの「馬鹿かァ、お前は」の一喝がないと、小説としては面白くないんです（笑）。

松本　「火をつけた以上は消さなきゃならないのに、それを黙って見ているのは馬鹿じゃよ」と言われたと、長岡は回想録に書いていますね。

秦　戦争を早くやめてくれと切望しているのに、あわよくば樺太まで手に入れたいとは、児玉にすれば、「馬鹿も休み休み言え」だと。長岡は山県に静かにしていてもらうために、留守番役を申しつけられた男ですがね。

戸髙　それがいつのまにか、騒動の種になっている（笑）。

松本　旅順戦でも、奉天会戦のあとでも、アメリカのルーズベルト大統領が、「このへんで手を打たないか」とロシアに打診をしています。ロシアは、バルチック艦隊がウラジオに向かっている途中だから、その帰趨をみてと、はねつけましたが。

秦　ロシア側は、バルチック艦隊が行けば、大勢をひっくり返せるはずだと思っていましたよ。

戸高　日本海軍にとってもバルチック艦隊こそ主敵で、それが最終決戦になると頭に刷り込まれています。旅順艦隊の閉塞に延々と時間を費やしたのも、このバルチック艦隊との一戦のためですからね。

第六章　日本海海戦の真実

日本海海戦を勝利に導いた連合艦隊司令長官・東郷平八郎（左）、
決戦間際まで作戦を練った連合艦隊先任参謀・秋山真之（右）

日本海海戦をめぐる動き

＊明治38年（1905年）

5月24日	連合艦隊の移動に関する「密封命令」が配られる	
5月25日	「三笠」にて会議が開かれる	
5月26日	バルチック艦隊の石炭輸送船が上海に入港したという情報が入る	
5月27日	4時45分	「信濃丸」が五島列島付近でバルチック艦隊を発見
	13時55分	「三笠」艦上にZ旗が掲げられる
	14時05分	東郷司令長官が敵前左回頭を指示
	14時10分	連合艦隊が砲撃開始
	15時頃	日本軍の砲撃でロジェストウェンスキー司令長官が負傷
	夜間	バルチック艦隊の残存艦に対し日本の駆逐艦、水雷艇が攻撃
5月28日	ウラジオストクへ逃げるバルチック艦隊を連合艦隊が砲撃。バルチック艦隊降伏	
8月10日	ポーツマス講和会議始まる	
9月5日	日露戦争終結。日比谷焼き打ち事件	

バルチック艦隊の大回航

半藤　奉天からロシア陸軍が退却した頃、三月中旬、バルチック艦隊はまだ、アフリカ大陸南東沖に位置するフランス領マダガスカル島にいました。順調に航海していれば、一月初旬に台湾付近まで到達する予定でしたが、ノシベというさびれた港で二カ月以上足止めをくっていたんです。

松本　大小四十数隻からなる大艦隊が、三万キロの大航海をするだけでも、世界初といってもよい冒険的事業でした。

半藤　しかも、総勢一万二千人も乗り込んでいたんですよ。

松本　リバウ港を出発したバルチック艦隊は、モロッコのタンジール港で主力艦隊と支隊に分かれます。分かれた理由のひとつには、喫水が深すぎてスエズ運河を通れない艦があると判断したからといいますが、主力艦隊は喜望峰経由でインド洋に出て、地中海コースをとった支隊とノシベで合流します。

秦　日本の同盟国イギリスは、バルチック艦隊の行く先々で、露骨なほどの嫌がらせをしました。ほとんどの航路はイギリス海軍の勢力下にありましたからね。一番の妨害は、

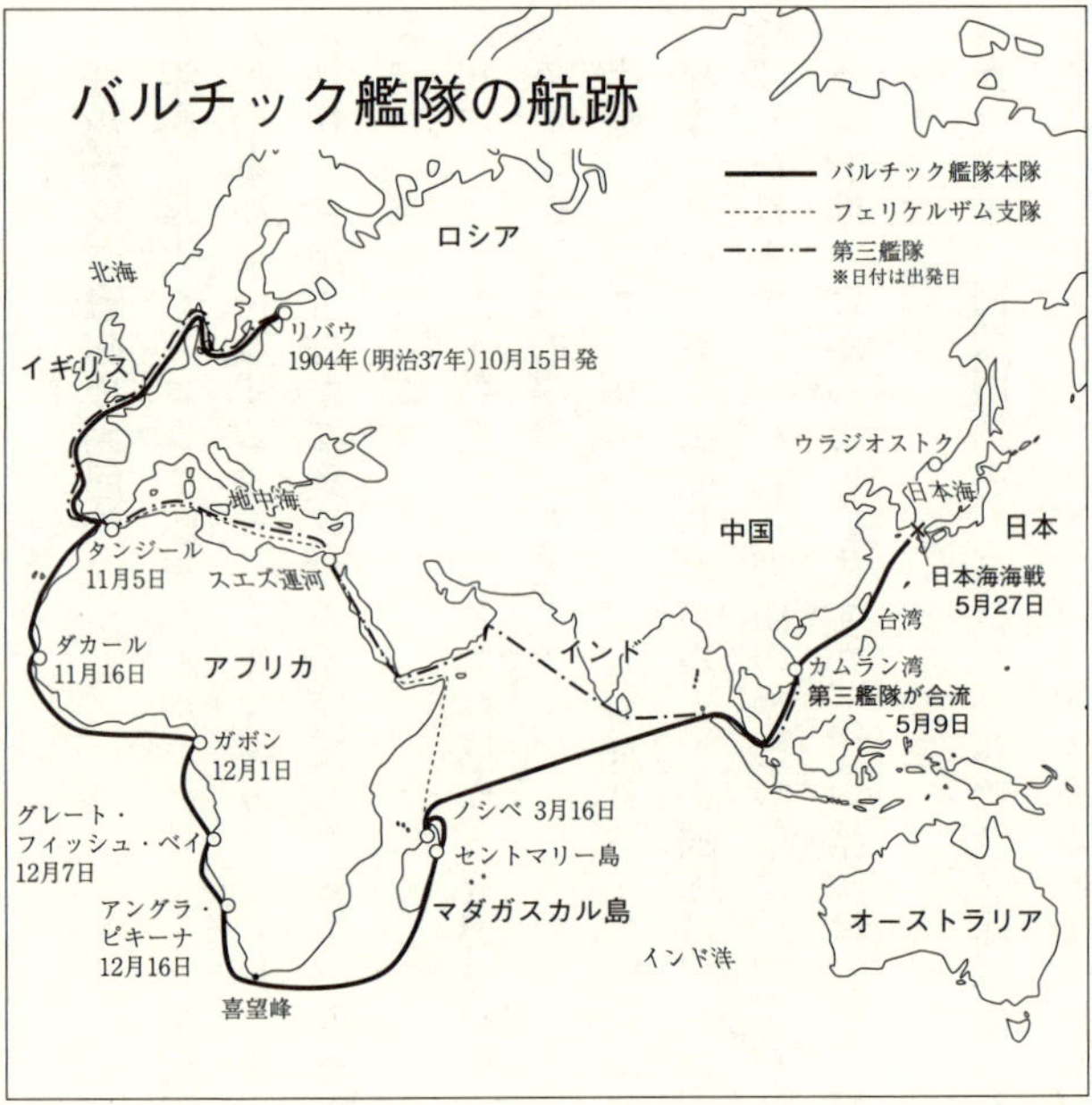

石炭の補給ができないよう仕向けたことです。

半藤　「ロシア艦隊に利する行為は国際法に違反する」と、ロシアの同盟国のフランス及びフランスを宗主国とする国々に、イギリスは横槍を入れるんですね。

戸高　日本政府も強硬ですよ。イギリスに対してでさえ、良質の英国カージフ炭をバルチック艦隊に売っている会社がある、とクレームをつけたぐらいです。

松本　おかげでバルチック艦隊は、港での艦の修理はおろか、安心して石炭や食糧を積み込むことさえままならなかった。

半藤　航海中の手当てに関して、ロシア本国はほったらかしで、司令長官のロジェストウェンスキー中将は、この時点で引き返したくなっている（笑）。

戸髙　旅順艦隊を失ったことを知ったロジェストウェンスキーは、本国へどうすべきか電報を打ちますが、何の音沙汰もない。そうこうするうち、ロシア本国ではバルト海に残った艦を集めて第三艦隊をつくり、それをロジェストウェンスキー配下に入れようと、なおもマダガスカルでの待機を命令しました。しかし、その到着を待たずにバルチック艦隊はノシベを出航します。インド洋を突っ切って、カムラン湾（現在のベトナム）まで来たところで、またもや一カ月待たされて、やっと第三艦隊と合流しました。

原　もともと寒い国の人たちですから、暑い場所に留めおかれること自体がこたえます。病人や自殺する者が続出し、待遇をめぐって、水兵たちがたびたび暴行事件を起こしたそうですね。

秦　それもこれも日英同盟の思惑でしょう（笑）。戦う前からバルチック艦隊をヘトヘトにさせるのに、効果があったわけですから。

戸髙　人間も弱りますが、船もドックに入らないと、艦底に付着した貝殻や海草類を取り除くことができない。速力も落ちるし、燃料は余計に食うし、戦闘どころではなくなってしまう。こうしたロシア側の悪条件のひとつひとつが、連合艦隊にとっては勝機につながっていきます。

半藤　向こうがもたついてくれたおかげで、連合艦隊は、船の整備や訓練にあてる時間がかなりできました。これは大きかったと思います。

いよいよカムラン湾を出航したバルチック艦隊はウラジオストクへ向うのですが、日本側はその行方を摑みきれません。

原　どこを通ってウラジオに行こうとしているのか——宗谷海峡か、津軽海峡か、対馬海峡か。迎え撃つ日本の海軍は、揉めに揉めるんです。

日露両艦隊の戦力を分析する

戸髙　日本海海戦は、当時の最新鋭戦艦同士がぶつかった珍しい戦いでした。ロシア艦隊のほとんどはフランス系の設計で、日本艦隊はイギリス系です。そういう意味では、英・仏の技術決戦ともいえます。

秦　戦艦の数はロシアが八隻で、日本は半分の四隻ですね。

戸高　ロシアの戦艦八隻のうち、「スワロフ」「アレクサンドル三世」「ボロジノ」「アリョール」は、「三笠」以下の連合艦隊より新型です。しかし「アレクサンドル三世」は、試運転の結果が不良で、同型艦のほか三隻は、試運転すらしないまま出航しなければならなかった。大砲も数発撃ったきりのようです。

勢力的にはバルチック艦隊の方が上ですが、巡洋艦、駆逐艦、水雷艇まで含めると、日本が勝っていますし、平均速度も日本が二ノットぐらい速い。実際は、先ほど言ったように、ロシア艦の艦底は汚れていたので、速力差はさらに大きかったと思います。

松本　バルチック艦隊には旧式の艦もかなり混じっていたようですね。

戸高　戦艦三隻は、日清戦争以前に造られていて、新鋭艦が十八ノット出すのに比べて、十五ノットと低速です。

装甲巡洋艦については、山本権兵衛の方針もあって、日本側はかなり力を入れていました。平均速度は二十ノットと高速で、二十センチ砲を持ったものもあり、速射砲も多数備えていたのに対し、ロシア側は数も少ない上に旧式艦ばかりで、十五センチ砲が最大だった。

半藤　ロシア側の新鋭艦は、石炭の積みすぎで、排水量が予定より二千トン増えて、喫水が二フィートも深くなったというんでしょう?

戸高 甲板にまで石炭を積んだりすれば、復原性が悪くなり、船は転覆しやすくなります。乗員の質にも問題があって、バルチック艦隊に乗りこんだ兵員の三分の一以上が、予備水兵です。当然訓練も充分ではなかった。幹部以外は新兵も多く、最新式の機械類を搭載していても、それを使いこなす技量と経験が乏しかった。

原 大砲の数はどうですか。

戸高 二十五センチ以上の大砲は、日本が二十四門、ロシアは四十一門と、バルチック艦隊が上回っていますが、二十センチ以下の速射砲では、日本が三百三十七門でロシアは二百八門と、連合艦隊の方がかなり多いですね。

秦 ロシア側は、連合艦隊の攻撃で損害を受けても、戦艦はそう簡単には沈まないから、ウラジオストクには何とかたどり着けるだろう、と考えていたんですか。

戸高 そうでもないですよ。日本艦隊とぶつかって、無事でいけるとは思っていませんでした。日本海海戦に突入する際の、ロジェストウェンスキー最後の訓示は、「戦闘中、損害を被ったり遅れた僚艦は乗り越えて、まっしぐらにウラジオに行け」というものです。一番艦の「スワロフ」が沈んだら「アレクサンドル三世」が、これが沈んだら「ボロジノ」、さらにそれも沈んだら「アリョール」が、指揮をとるようあらかじめ指示を出していました。ロシア側も相当の覚悟だったことは確かです。

秦　まさか、全滅するとは思ってなかったでしょうけれどね。

原　日本海海戦は、日本海軍のパーフェクトな勝利と、ロシア海軍の完敗に終わりましたが、なぜあそこまで差が開いたんですか。

戸高　バルチック艦隊は七カ月もの間、艦隊運動も砲術訓練もほとんどせずに、戦闘に突入しました。術力というか、日本側の大砲の命中精度が圧倒的に高かった。そして、その腕前を発揮させるために、東郷長官が果敢に接近戦を挑んだことでしょうね。それ以外に言いようがないですね。

松本　連合艦隊は、対馬や朝鮮半島の鎮海湾でかなり訓練を積んでいます。

戸高　照準発射の訓練は、〝内膅《ないとう》砲射撃〟です。本物の砲弾を撃つと大砲が傷むので、専用の小口径の砲を砲身内にセットして射撃訓練をするのですが、当時の訓練は、旧式の陸軍の小銃を改造して大砲の中心にセットして目標を撃ったのです。当時「三笠」だけで平時の年間消費量の三万発を、十日で使い切ってしまった。本物の砲弾を撃つ時には、大砲を消耗させないように減装薬といって、少ない火薬で撃ち、実戦同様の射撃で訓練するわけではありませんが、いかに激しい訓練だったかがわかります。

秦　毎日、東郷さんが鎮海湾の山の上からそれを眺めていたという話がありますね。最初はさっぱりダメだったのが、ある時点から急に命中率が上がったと。

戸高　それまで砲台ごとの各個射撃だったのを、砲術長が統一目標と距離を指示して、同時に撃つよう、射法を変えたせいだと思います。あと、訓練用の装薬が変質していて、訓練ではさっぱり命中しなかったこともありました。あまりへたくそに見えたので、イギリス海軍の観戦武官が心配になって、こんな軍艦で戦いに臨むのは、死にに行くようなものだと、観戦を止めようと思ったそうです。

原　なるほど。ロシアのほうは各個射撃ですか。

戸高　そのようです。

松本　決戦当日も、「本日天気晴朗ナレドモ浪高シ」だから、波の荒い朝鮮海峡で砲撃訓練をつんだ連合艦隊のほうが有利だったとか。

戸高　確かに訓練は十分でしたが、日本側も、波が荒れているので当てるのは難しいと思っていたんですよ。鎮海湾から出撃したあと、「三笠」艦長の伊地知彦次郎大佐が、「本日は風波穏やかならずして、砲撃には甚《はなは》だ不本意な日であるけれども、頑張れ」と訓示しています。ということは、日本が有利だと思っていたわけではない。

下瀬火薬と伊集院信管の問題点

秦　下瀬火薬と伊集院信管の威力も、よく指摘されますね。

戸髙　下瀬火薬は鋭敏過ぎて、当ったとき火薬自体が自爆しやすい傾向があるんです。そして、伊集院信管にも、やや不安定で敏感すぎるという弱点がある。戦艦の主砲の砲弾は、敵艦の装甲を打ち抜いて、艦内に入ってから爆発するように信管をセットするのですが、それが外側で爆発してしまうケースが多かったようです。

半藤　それで日本海軍は、撃ち出す前に砲身内で砲弾が自爆する〝膅内《とうない》爆発〟がやたらと多い。

黄海海戦では「三笠」の砲身が自爆して、第三分隊長だった伏見宮博恭《ひろやす》王が肋骨を折っていますし、少尉候補生として「日進」に乗っていた山本五十六も、日本海海戦の当日、左手の指二本を飛ばされています。山本は傷痍軍人第一号です。

「日進」では四門のうち三門が、この〝膅発〟で砲身が折れた。写真も残っていますが、〝敵の弾丸が当って〟折れたことになっている。

戸髙　さすがに自分の砲弾のせいで砲身が折れました、とは言いにくかったのでしょう。まあ、勝った戦だから何とでも言えます。敵の砲弾が当って折れた砲身はゆがみます。一方、腔内爆発によるものは、包丁で竹輪を切ったように、すっぱり切れている。写真を見ればだいたいわかります。

半藤　伊集院信管と下瀬火薬といえば、日露戦争の〝神話〟のひとつですからね。ずいぶん顕彰されていますが、実は味方もたくさん、怪我をしているんですよ。

戸髙　そうなんです。日本海海戦の前、東郷さんが、伊集院信管は水兵たちも不信感を持っているし、使うのはいやだと軍令部に申し入れています。信管を振ると、カラカラ音がするので、兵隊が不安がって撃てないのです。とうとう「もう火薬は要らない、信管なしで、砂を詰めて撃つ」とまで言った。いわゆるソリッド弾ですが、当たると穴が開いて艦底まで突き抜ける。そこから水が入ってきて船は沈むので、用は足ります。

半藤　使いたくないといっても、軍令部が聞き入れるはずがない。何しろ伊集院信管を発案した当の伊集院五郎が、軍令部次長なんですから。

戸髙　「絶対に使うように」という回答でした。自爆の可能性があるのを承知で使わせるとは、ひどい話だと思いますが。

半藤　黄海海戦では、砲撃を続けていて温度があがると〝腫発〟が起きたので、日本海海戦のときは、砲身にホースで海水を掛けながら砲撃したといいます。伊集院は、のちに元帥になりました。

原　本来の目的から外れていたとはいえ、下瀬火薬にも一定の効果はあったんじゃないですか。

戸髙　効果はあります。すぐに自爆するので、撃ち込まれると艦上が火の海になる。これを使えば、敵の戦闘意欲が早々に失われ、反撃能力も急速に落ちます。日本としては〝撃ち放題〟の状態になるので、まあ、結果オーライではありますが。

秦　一種、けがの功名なわけですな。

戸髙　そういう予期せぬツキのあるほうが、戦争では勝ちますね。

対馬か、津軽か——密封命令の謎

秦　バルチック艦隊がどこにくるかをめぐっては、東郷以下、参謀長の加藤友三郎、作戦参謀の秋山真之はじめ、連合艦隊司令部のメンバーが、神経症になるほどカリカリします。実質的には津軽海峡と対馬海峡に絞られますが、不思議に思うのは、この頃までに連繫機雷で津軽海峡を封鎖する準備がすでに完了していたんです。
半藤　加藤参謀長から軍令部長の伊東祐亨大将に、「連繫機雷五十組をつなげば、全長八マイルにわたって津軽海峡を防備できる」と申し入れたのが四月半ばのことです。実験も済んで、五月半ばに目途はついていました。
秦　鎮海湾にいる司令部が心配しているから、東郷さんに早く教えて安心させてやりたいと、大本営（海軍軍令部）参謀の山下源太郎大佐が言い出して、財部彪《たからべたけし》や伊集院五郎と、山本権兵衛の許可を得ようとする。ところが、権兵衛は、「すべて東郷さんに任せてあるから、外の人間ががたがた言うものじゃない」と報告させない。
山下たちが必死に説得して、五月二十四日に電報を打ちますが、それにも連繫機雷を敷設したとは書いていない。
半藤　参謀同士の〝意見交換〟としてなら、特に許すと言われて、とにかく津軽海峡の方は大丈夫だ、と伝えた（笑）。もっと具体的に、「機雷を敷設したから、津軽海峡をバルチック艦隊が通れば、それに当って勝手に沈む」と書けば、何でもなかったんですよ。
秦　連合艦隊はかなり緊張していて、二十六日の正午までにバルチック艦隊を発見できない場合、北へ迂回したものと推断して、津軽海峡入り口の渡島《おしま》に向かって移動を開始するという「密封命令」をすでに用意しています。

半藤　二十四日の午前中に各艦隊や戦隊の司令長官や司令官へ配りました。

原　開封時刻はいつですか？

戸髙　二十五日の午後三時です。

秦　ということは、東郷さんが止めなかったら、連合艦隊は北へ行っていた。そうしたら、バルチック艦隊を取り逃がしたんじゃないですか。

半藤　密封命令のことは、大本営にも報告してありますから、それを受けた軍令部の山下たちが懸命に連合艦隊の北海道への移動を阻止しようとしたわけです。でも山本権兵衛は「現場に任せろ」といって山下たちを止めた。

戸髙　そのあたりの経緯はずっと極秘でしたが、昭和十六年に山下の遺族が自費出版で出した『海軍大将山下源太郎伝』で明らかにされました。「艦隊では、津軽海峡の乙雷（連繋機雷）のことを知りません」と山本大臣を説得したと。必死で食い下がっていますね。

半藤　海軍中央でもこんなふうに議論が展開されましたが、連合艦隊司令部でも、津軽海峡へ動くか、対馬で待機を続けるかで喧々囂々《けんけんごうごう》です。秋山なんか、計算の結果では、バルチック艦隊は対馬に来ているはずなのに、まだ来ないのは津軽海峡へ廻ってしまったんじゃないかと苦悩して、北海道行きを決心しています。

原　そうなれば、彼の「七段構えの作戦」が台無しになるから、無理もない。

戸髙　加藤さんも激しい胃痙攣に悩まされていますしね。

秦　ただ、細かいところに気がついて、考え抜くところに秋山の存在理由があるわけでね。秋山の心配性を割り引いて、作戦を決定するのが、その上の参謀長であり、長官の役目です。その意味で、連合艦隊司令部はいいスタッフが揃っていたと思います。

戸髙　私は、東郷さんはそれほど迷っていなかったと思うんです。本人も戦後、「自分は対馬に来ると信じていた」と語っていますし、津軽海峡へ本当に行きたいのなら、密封命令なんて面倒なことをしなくても、直接命令をすればいい。あれは艦隊内の意思をまとめるための、時間かせぎだったんじゃないでしょうか。

半藤　うーん。そうじゃなくて、東郷さんも、相当に迷っていた気もするけどねえ(笑)。

『坂の上の雲』では、第二艦隊参謀長の藤井較一が汽艇で、連合艦隊前参謀長の島村速雄《はやお》がカッターで、同時に「三笠」にやってきて、二人そろって東郷さんの真意を確かめに行く。「長官は、バルチック艦隊がどの海峡を通って来るとお思いですか」と問うと、「それは対馬海峡よ」と、東郷は答えた。この一言が、東郷を世界の名将にしたと、司馬さんは書いていますが、史実は違うんですよ。

それに艦隊組織の序列からいえば、決戦を前にして、島村と藤井の二人がそろって意見具申に行くことはあり得ない。密封命令が出たということは、司令部は津軽海峡へ動くつもりらしいが、これは大間違いだからと、藤井が上司である上村彦之丞（第二艦隊司令長官）の許可を得て、二十四日夕刻、「三笠」にたった一人で乗り込む。そこで秋山をはじめ、連合艦隊司令部の参謀たちと大いにやり合うわけです。この藤井の強い反対論がなければ、対馬から全軍が北海道へと移動してしまったはずなのですよ。それが事実です。

原　藤井以外の参謀たちは、移動説に傾いていました。

半藤　その通りです。参謀たちの激しいやりとりを聞いていた参謀長の加藤友三郎が、決戦を前に艦隊の思想はひとつであるべきだから、「明日、最後の会議をしよう」と言って、翌二十五日の午前九時から主な指揮官が全員集合した会議が始まる。ところが、島村速雄が乗っている「磐手」が旗艦の「三笠」からはるかに離れた場所にいたために、みんなよりちょっと遅れて、カッターを漕いでびしょ濡れになってやってくるんです。

戸高　すでに移動準備をしていた艦隊が、艦載水雷艇を格納してしまっていたので、カッターしかなかったんですね。

半藤　そして、加藤に意見を求められた島村は、「対馬に来るに決まってるよ」と、あっさり言った。それまで藤井ひとりが対馬説で熱弁をふるっていたのが、この島村のひと言で形勢がひっくり返ります。何しろ前参謀長のひと言ですから、重みがはるかにある。

戸高　とにかくこの言葉で、東郷さんは密封命令の発動を、一日のばすことにする。

原　加藤、藤井、島村の三羽烏は、海軍兵学校の同期生（七期）で互いに気心がしれていますからね。東郷さんもかなり信頼していたと思います。

秦　そして、バルチック艦隊の石炭輸送船六隻が、上海に入港したと情報が入ったのが、二十六日の未明ですね。ロシア艦隊は、日本海域では燃料を補給できない。にもかかわらず、運送船を切り離したことで、迂回せずに対馬海峡に突入してくることが、ほぼ確定した。

松本　危機一髪のタイミングでした。

戸高　戦後、ロシア海軍軍令部がつくった極秘戦史によれば、バルチック艦隊は津軽海峡に向かおうと考えたことは、一度もなかったようなんです。

半藤　東郷さんの一番の英断は、密封命令の開封をあそこで一日遅らせたことなんですよ（笑）。二十五日午後三時を二十六日午後三時にしたことが、本当によかった。

秦　それにしても、連合艦隊がてんてこ舞いしている間、軍令部は泰然としていたわけですよね。

戸高　現地の司令官に内地から口を出すものじゃないと。でも、それと情報を与えることとは別だろうと思いますが（笑）。山下源太郎のような若手の参謀は、もうハラハラしていますよ。

秦　なぜ、大本営から「津軽海峡に行くな」と指示が出なかったのか。この話は、全体的にどこかおかしいですよ。

半藤　ウラジオストクに一隻たりとも逃さずに、撃沈しなければならないという前提が強かったんですかね。津軽海峡に機雷を敷設しても、すべて仕留められるとは限らない。しかも、万が一とり逃がした場合、日本は予備の艦隊を持っていない。

戸高　連合艦隊に求められていたのは、完全勝利でした。天皇から下された奉勅命令である、「大海令」第一号は、「連合艦隊司令長官幷《ならび》に第三艦隊司令長官は東洋に在る露国艦隊の全滅を図るべし」です。大変なプレッシャーだと思いますよ。

半藤　ともかく動かずに待っていたら、二十七日の早朝、哨戒中の「信濃丸」が五島列島白瀬の西方に、ついにバルチック艦隊を発見した。ここまで一日千秋の思いだったでしょうが、ようやく敵を捉えることができました。

土壇場まで手を入れた戦策

秦　バルチック艦隊がいよいよ対馬海峡にさしかかる。それを「信濃丸」が朝もやの中に見つけて、確かめようと接近していく。「敵艦隊見ユ」と第一電を打ったときの位置が、海図上の〝二〇三地点〟なんです。

原　二〇三高地とぴったり符丁が合う。

秦　偶然でしょうけれど、これこそ歴史の名場面ですね。陸軍の二〇三高地戦は五カ月前に終わっている。それがここでもう一度、顔を出す。

半藤　まさに「皇国の興廃此の一戦に在り」です。

松本　午前五時五分、「三笠」に「敵艦隊発見」の報が入り、東郷長官は緊張の面持ちで、艦橋に上がる。加藤参謀長は忙しく動いている。秋山参謀はというと、後甲板で知らせを聞いて、喜色満面、「しめた、しめた」と雀踊《こおど》りしたそうです。

戸高　参謀の仕事は、バルチック艦隊が予定通り対馬にきた段階で、ほぼ終わったようなものですからね。

松本　「今日は臍下《せいか》丹田に力を込めないといけない」と、剣帯の革ベルトを上着のうえから締め、〝一種異様の風〟で戦闘にのぞんだという（笑）。

秦　一種の奇人変人ですから、好きなようにさせておくしかない（笑）。

戸高　そうなんですよ、東郷長官には、この変人参謀を、ここ一番の為に、普段は好きなようにさせておくだけの懐の深さがあった。天才を使うには、使うほうにもそれだけの度量が必要なのです。誰にでもできることではない。

半藤　連合艦隊の四十数隻は沖ノ島へ向け、鎮海湾から出撃します。しかし、ここにくるまで、対バルチック艦隊の戦策はどんどん変わりましたね。

戸高　黄海海戦から日本海海戦まで、九カ月半ありましたから。決戦以降についての戦策は、明治三十八年四月十二日に示されましたが、以後三回改定されています。そのたびに、藤井さんや加藤さんが意見して、秋山さんがまた手を入れる。最後の改定は、決戦直前の五月二十一日です。作戦を現実に合わせていこうと、ギリギリまで努力していました。

原　最終的には長官が決めるんですね。

戸髙　そうです。秋山さんは、たたき台にするペーパーを作るところで能力を発揮して、それを加藤、島村、藤井の三人でセレクトして最終案を決める。最後は東郷さんが決断するという、自然なピラミッドが出来上がっていたと思います。

半藤　日本海海戦の基本戦策は、「七段構えの作戦」です。対馬からウラジオストクまでの海域を七つに区切って、昼間は主力艦隊による総力決戦、それが終わった日没後は、駆逐艦・水雷艇を使って魚雷攻撃をかける。これを繰り返しながら、敵の残存艦をウラジオストクへと追い込んでいき、最後は港口に敷設した機雷で全滅させる作戦です。

戸髙　特に駆逐隊の夜襲については、細かく指示しています。日本海軍も夜襲好きですね(笑)。

半藤　丁字戦法でのぞんだ黄海海戦では、旅順艦隊にあっさり後方をすり抜けられてしまった。それで丁字戦法は事実上、殲滅戦には向かない戦法だというので、作戦計画から姿を消していきます。

戸髙　開戦前につくった最初の戦策では、「敵に対し丁字形を保持するに力《つと》めんとす」と、丁字戦法を非常に重要視していた。しかし、黄海海戦での苦い経験から、日本海海戦は敵と併航しながら戦う〝併航戦〟でいくことに決めて、決戦の日を迎えます。

松本　丁字戦法で戦うつもりはなかった。

戸高　できる場面があればやりましょうか、という感じです。

原　丁字戦法と併航戦とでは、根本から考え方が違いますしね。

東郷ターン、そのとき何があったのか

秦　ところで、あの敵前大回頭の〝東郷ターン〟は戦策通りですか。

戸高　陣形は作戦通りですが、予定では、当然ながら敵の射程外ですれ違って、それからUターンして追い上げるはずでした。敵の弾の飛んでくるところでUターンするような作戦はないですよ。艦隊速力は日本の方が速いので、敵の後ろから追い上げながら頭を押さえ込む。戦策に付された図も残っています。

ところが、バルチック艦隊追尾中の、第三艦隊「厳島」が、バルチック艦隊の位置を、一万メートル近く東側に間違えて報告してしまったのです。東郷長官は、バルチック艦隊の一万メートルほど西側から、敵を発見するコースを進んだところ、午後一時三十九分、敵艦隊と鉢合わせしてしまった。それでちょっと間合いをとるために、右にコースを変え

て距離を離したのですが、充分に距離を取れないうちに戦機が来たわけです。結果として、やむを得ず敵の射程内でUターンをすることになったのです。

秦　そのあと、併航戦に持ち込むつもりですね。

戸高　そうです。結果的には、戦策通りの併航戦ですが、敵の射程内で、向こうからは撃てるけれども、こちらからは撃てない状況でUターンを決行したというのは、東郷さんの覚悟の戦術運動だったと思います。

秦　肉を切らせて骨を断つ覚悟であったと。

戸高　そのつもりでやってみたら、肉も切らせずに骨を断ったわけですが（笑）。

原　気がついたときには、敵が目の前にいたんですか。

戸高　ほぼ真正面ですね。戦策についている図をみると、余裕をもってUターンをしてから、接敵するつもりだったようです。航路でいえば、バルチック艦隊の右舷側で、連合艦隊がUターンする。「場合によっては、この図を逆さにした状態で、戦闘をおこなう」と書いてあります。

東郷さんは、真正面にいるバルチック艦隊を大陸側に行かせたくないと考えて、日本列島側に追い込む形で、圧迫していくコースを選んだのだと思います。

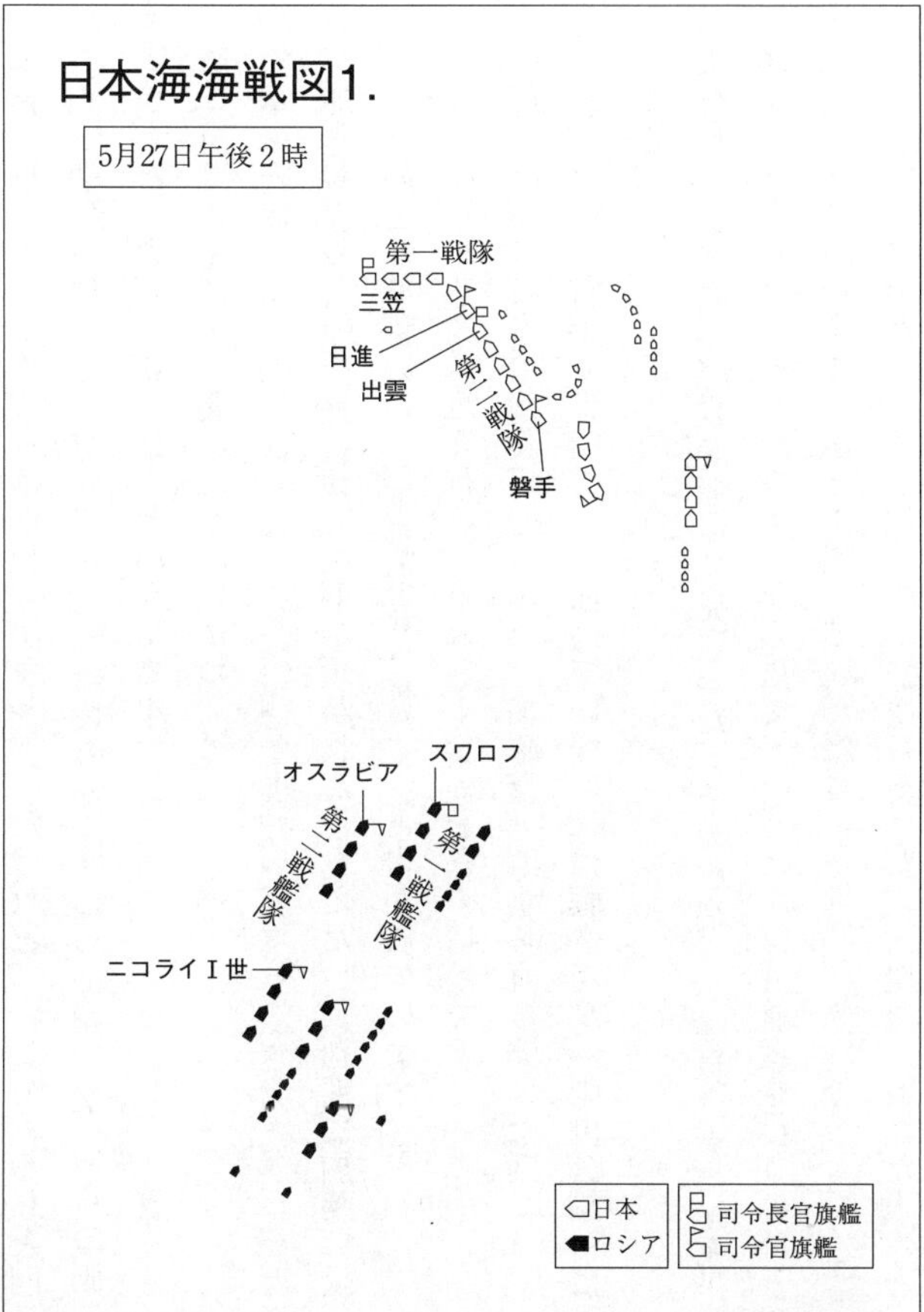

戸高一成著『海戦からみた日露戦争』（角川 one テーマ 21）より作成
海戦図以下同

半藤　Uターンすることは作戦で決まっていたけれど、どこでくるりと回るかは誰もわかっていなかった。そこで「三笠」砲術長の安保清種《あぼきよかず》少佐が、「どちらの側で戦《いくさ》なさるのですか」と〝大声で呟いた〟というんです。

原　東郷さんによく聞こえるようにね（笑）。

松本　安保さんの回想録では、「其途端《そのとたん》に東郷司令長官の右手は颯《さつ》と左方に半円を画《えが》かれ、加藤参謀長と顔を見合せて何事か頷《うなず》かれたと見えた。其刹那に加藤参謀長の例の癇高い声が突如として響いた。『艦長取舵一杯に』」と書かれています。

戸高　それが巷間伝えられる、東郷ターンのときの情景です。

半藤　軍事評論家の伊藤正徳さんが、加藤友三郎から直接聞いた話では、ちょっと違うんです。東郷は右手で半円なんか描いていない。伊藤さんが「中央公論」に寄稿した記事によると、

「東郷長官は加藤参謀長を無言で見返った。その途端、参謀長は大声一番、『艦長、取舵一杯ッ』と命じた。最初のコースから見て、いったんは反航戦を行うのかと想像し、または面舵一杯に回転するのかと予想していた艦長（伊地知彦次郎大佐）はツイ『取舵ですか』と反問してしまった。すると加藤参謀長は『そうだ、大至急、取舵だ！』と一言したまま、

東郷長官を顧みて、『取舵にしました』と報告した。長官は会心の微笑を浮かべつつ、うち頷いてなおも敵を見守っていたのである」となっている。

秦　そこはとても面白いところですね。加藤がそう言って、東郷がうんと言ったのは、両者の決意がたまたま一致したのか、加藤に言われたので、「じゃあ、そうしよう」と、東郷は受動的だったのか、どちらなんですか。

半藤　それは伊藤さんも明確に書いてないんです（笑）。

戸髙　砲術長がイライラして、大声で独りごとまで言っているし、敵の旗艦「スワロフ」との距離は、八千五百、八千メートル、と刻々と近づいてくる。もう決めてやらなければいかん、と加藤さんは思ったんでしょう。

半藤　極端な言い方をすれば、安保さんが回るタイミングを決めたといってもいいんですよ。

原　あの独りごとがね（笑）。

秦　三人のうち誰が決定したかは、わからない。

戸髙　決めにくいけれど、戦闘が始まったら、砲戦の責任者は砲撃指揮をとる安保さんです。右舷なのか左舷なのか、砲戦に一番いい瞬間を選びたいと思ったのは、間違いありません。

秦　左折じゃなくて、右折の方がいいという考え方もあったんですか。

戸高　いや、右折はないです。そのままいって、左砲戦で反航戦を一回してからUターンをして追いかけるか、その場でUターンをして、最初から右舷で砲戦するかのどちらかです。

半藤　いずれにしても、加藤参謀長が「取舵一杯ッ」と指示したのであり、東郷さんの右手が高々とあがって、半円を描くように一転したという従来の説は、つくり話じゃないかと思うんですよ(笑)。

秦　でも、手を上げなかったと証明するのも難しいですよ(笑)。

戸高　そのときの情景をひとつに決めるのは困難ですが、午後二時五分、Z旗を掲げた「三笠」を先頭に、連合艦隊は一斉に、左の方へ大回頭を始めます。

最初の三十分が勝負を決めた

半藤　「三笠」に続いて、「敷島」「富士」「朝日」「春日」「日進」……と、連合艦隊の第一戦隊が大回頭し、続いて第二戦隊が回頭して、「三笠」が砲撃を開始するのが二時十分です。しんがり艦が回りきるまで十五分かかっています。その間、バルチック艦隊にかなり撃たれましたが、一斉に応戦はしていません。

松本　とくに先頭の「三笠」は集中砲火を浴びました。日本海海戦は、最初の三十分で勝敗が決まった、と秋山が語っているように、戦艦「オスラビア」が砲撃開始から五分で火災を起こし、旗艦「スワロフ」と戦艦「アレクサンドル三世」も、早々と戦闘不能に陥ります。

戸髙　距離も六千メートルと近いですから、どんどん当りました。

秦　ロシア艦隊は、デッキに石炭やボートなど可燃性のものを積み上げていて、それに引火したといいますね。

戸髙　それこそ下瀬火薬の餌食ですよ（笑）。連合艦隊は出撃するときに、高価なカージフ炭も甲板上に残った分は残らず海中に投げ捨てましたし、甲板もきれいに掃除した。被弾した場合の弾片の飛散に備えて、水兵の使うハンモックも丸めて艦橋や甲板に括り付けていました。

半藤　バルチック艦隊を発見してから戦闘が始まるまで、時間の余裕があったからよか

日本海海戦図2.

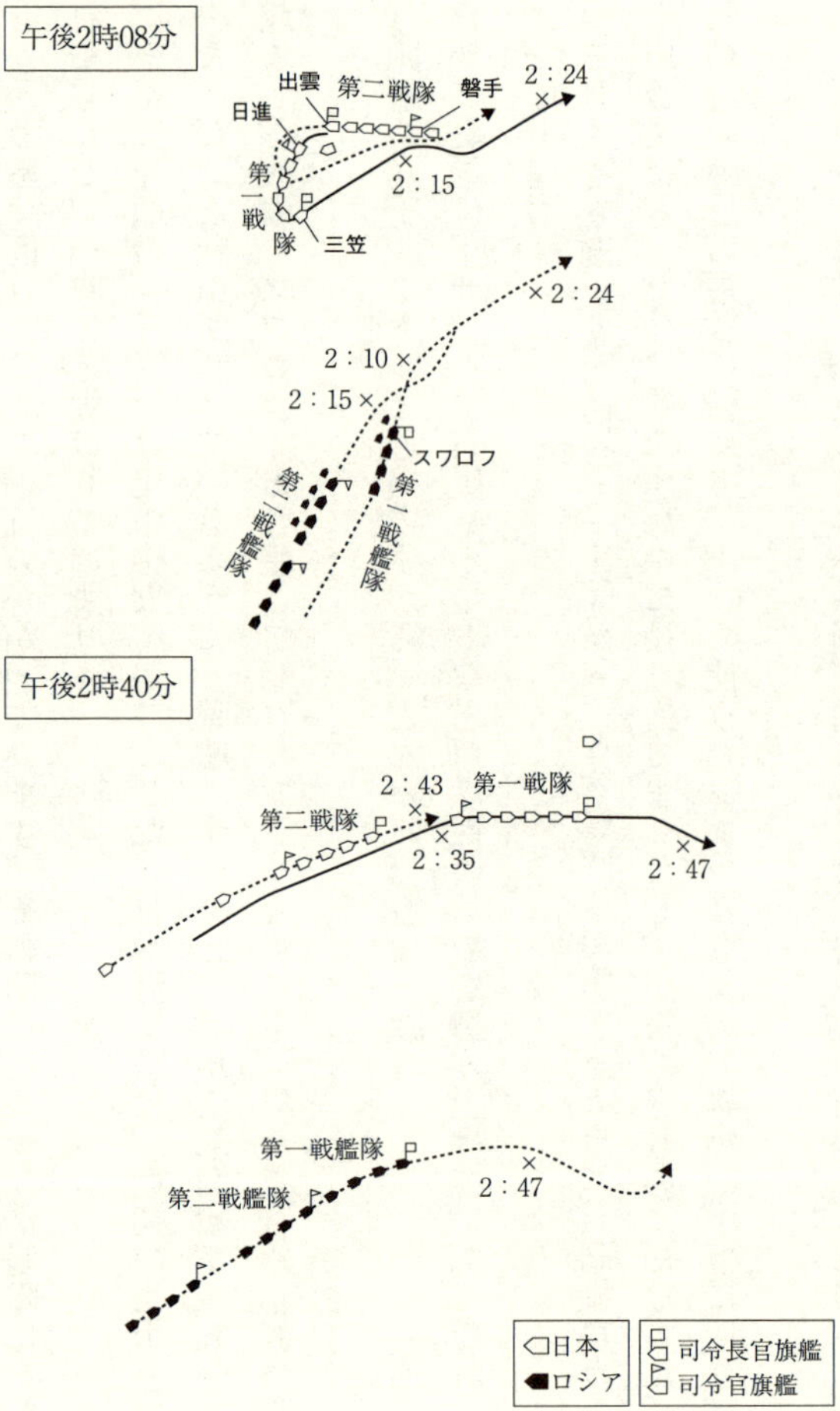
午後2時08分
出雲
第二戦隊
磐手
2：24
日進
第一戦隊
2：15
三笠
2：24
2：10
2：15
スワロフ
第二戦艦隊
第一戦艦隊
午後2時40分
2：43
第一戦隊
第二戦隊
2：35
2：47
第一戦艦隊
第二戦艦隊
2：47
日本
ロシア
司令長官旗艦
司令官旗艦

った。

松本　ロジェストウェンスキーはこの砲撃戦で、頭部に重傷を負い、指揮をとることができなくなる。ところが、それに代わるはずの「オスラビア」司令官のフェリケルザム少将は、脳疾患で、決戦の四日前に死亡していたんです。

半藤　そのことが兵隊たちに知れると士気が下がるからと、三番手の司令官、戦艦「ニコライ一世」のネボガトフ少将にさえ伏せられていた。バルチック艦隊は指揮官不在になるんです。

原　日本の軍隊ではちょっと考えられないですね。

戸髙　連合艦隊に比べてロシア艦隊の混乱が激しかったのは、そういう事情もありました。人事不省の司令長官は夕方、沈みかけた「スワロフ」から、密かに駆逐艦「ブイヌイ」に移されます。

松本　日本側は、「浅間」の舵機がおかしくなって一時、戦線を離れましたが、そのほかは、致命弾をほとんど受けずに済んでいます。

「天気晴朗ナレドモ」に隠された意味

半藤　なぜ、戦闘を始めたのが午後二時頃になったのか。日本側がバルチック艦隊を見つけたのは早朝ですから、もっと早く会敵してもよかったはずです。実は、連合艦隊はもうひとつ、重要な奇襲作戦を準備していました。それを実行したい一心で、波が静まるのを待っていたんです。

松本　えっ、それは初耳だな。

戸高　巡洋艦「浅間」を旗艦とする、第二戦隊の駆逐艦と水雷艇隊で〝奇襲隊〟を編成し、主力決戦にさきだって、ロシア艦隊の目の前で連繋機雷をまくという作戦でした。これは、五月十七日の二回目の戦策改定で急遽、加えられたもので、主力決戦のきっかけになるはずのものでした。

原　それをとりやめた理由は何ですか。

戸高　荒天です。駆逐艦ならともかく、三百トン級の水雷艇隊は、波にのまれてついていけない。とはいえ、突撃部隊が働けないと奇襲は成功しない。それで少し離れた場所で待機させて様子をみていたのですが、この日は夜も更けてから、やや波がおさまるという天候でした。出撃からかなり後まで連れてゆくのですが、結局実行不可能と東郷さんが判断し、午前十時過ぎ、奇襲隊を退避させています。

原　この奇襲隊戦法はあまりに奇策すぎ、危険であるとして、藤井参謀長と加藤参謀長の黙約で取りやめることにしていた、という説もあります。

戸髙　いや、参謀が勝手に作戦を変えることはできませんよ。この奇襲隊については、当初から賛否があり、第二艦隊の藤井較一参謀長は、この作戦に絶対反対で、連合艦隊の加藤友三郎参謀長を説得して、参謀長の間では、この作戦はやらない、と意見が一致したのです。しかし、東郷長官の了承がなければ、参謀が勝手に作戦を変えることなどできるはずもないことです。ところが、この二人は少し前に東郷長官に進言して、机上の空論に近い丁字戦法を主とした連合艦隊戦策を変更してもらったばかりだったので、さすがの加藤参謀長も、またすぐには言い出しにくい、ということで、東郷長官には言わなかったのです。このために、海戦当日は、予定通り奇襲隊は出撃しましたが、波が高く、最後は東郷長官の判断で奇襲隊は退避、奇襲隊作戦もなくなったのです。この作戦の中止を進言しようと思っていながら、とうとう言い出せなかった加藤、藤井の両参謀長は、内心ほっとしたのではないでしょうか。

半藤　出撃の際、連合艦隊司令部が大本営に宛てて打った電報に、秋山がつけ足した有名な一文がありますね。あの「本日天気晴朗ナレドモ浪高シ」が意味するところは、この天候では、例の連繋機雷による奇襲戦法はできないかもしれない、そのときは正面衝突で戦わざるを得ませんよ、という大本営への報告でもあるんです。

松本　なるほど。そうなると、今日は波が高いので、安定性のわるいバルチック艦隊より日本側のほうが有利だとか、こちらの砲弾の命中率が高くなることを伝えたという、今までの説とはまったく違ってきますね。

確かに名文家の誉れ高い秋山が、なぜ、「天気晴朗ニシテ浪高シ」ではなく、ナレドモ、と書いたのか、さんざん議論されてきましたが、その裏に隠された作戦があったとは(笑)。

半藤　あの緊迫した状況の中で、文章に凝っている余裕はないですよ。秋山は、要点だけを的確に伝えようとしたんだと思います。

秦　奇襲作戦の存在がわかったのは、『極秘明治三十七、八年海戦史』(以下「極秘戦史」)が見られるようになったからですか。

戸高　そうです。公刊戦史に対して、脚色を廃し、事実に基づいて編纂されたのが極秘戦史です。分量も、公刊戦史は四巻ですが、極秘は百五十巻という膨大な量で、戦策の詳細もこれで明らかになりました。

半藤　「極秘戦史」は、関連部分を個別に配ったほかは、全巻揃ったものは三組しかつくられなかった。ひとつは海軍大学校、ひとつは海軍軍令部、そしてもうひとつは明治天皇に献上されましたが、太平洋戦争に負けたとき、軍令部と海大では燃やしてしまった。

松本　あれは惜しいことをしましたね。

半藤　宮中に一組のこった「極秘戦史」を、昭和天皇が亡くなる直前に、「ここにおいておくよりも一般の人に見せたほうが日本の将来のためになる」と御下賜され、現在、防衛省防衛研究所の図書館に所蔵されています。

原　ということは、司馬さんが『坂の上の雲』を書いた昭和四十年代には、まだ見られなかった。

半藤　見ていないと思いますね。

戸髙　「極秘戦史」という新しい視点から日本海海戦を捉え直すと、思いもよらなかった真実が見えてきます。たとえば、敵の頭を押さえるという意味では、連繋機雷を撒く奇襲は、丁字戦法に替わる秘策でした。それが天候のため、中止せざるを得なくなった。波が高くては、砲撃の命中率も落ちるだろうし、奇襲攻撃で敵艦隊の陣形を乱しておいてから、一気に叩くという作戦の流れも、実行が難しくなる。

原　東郷や秋山はある意味で、追い込まれていたということですね。

半藤　そう思いますね。念入りに準備してきた切り札が駄目になったところから、日本海海戦は始まったんです。

戸髙　それがわかると、あの敵前大回頭のときの東郷さんの覚悟のほども、違って見えてきます。わが身を敵の真正面にさらして、「三笠」が砲弾をいくら食らおうとも前にいくしかないと、闘志と経験だけが恃《たの》みだったろうと想像します。

鈴木貫太郎隊の突撃

原　長さ百メートルのロープで機雷を四個つないで、連続的に海面に投下する、連繫機雷というのは、秋山真之の発案ですか。

戸髙　ええ。普通の機雷は〝点〟ですから、すり抜ければ終わりですが、これはロープのどこかに触れると、機雷が引き寄せられて爆発する。〝面〟での使用が可能になります。

松本　でも、海面にたくさん浮いていると、味方も危なくないですか。

戸髙　その点を考慮して、機雷は投下して五、六分で発火状態になり、一時間程度で自沈するように工夫されています。これを戦闘の直前に撒いて、効力が切れる頃には、敷設海面で戦闘をしても大丈夫ということです。

連繋機雷は、黄海海戦のときに出てきたアイディアです。哨戒中の日本の駆逐隊が、敵艦の前を横切った際に、何の気なしに、石炭叺《かます》を海上に投棄した。すると、ロシア艦隊は機雷を撒いたと勘違いして、急にコースを変えた。その記事がロシアの新聞に載ったのを、秋山が知って考えついたようです。

半藤　幻に終わった奇襲作戦では、敵前に躍り出て、先頭を包むように機雷を投下するのは、駆逐艦「暁《あかつき》」の役目でした。この艦は、もとロシア艦の「レシテルヌイ」です。黄海海戦のあと、日本側に拿捕《だほ》された艦に、旅順口で機雷にかかって沈んだ駆逐艦「暁」の名前を与えたんです。

松本　ロシア側が見ていない場所で沈んだので、公表しなかった艦ですね。

戸髙　ロシア艦隊にもっとも接近することになっていた、いわば影武者です（笑）。とにかく、日本軍艦としての標識を消して、ロシア駆逐艦として突入するのです。わざわざ、突撃の際は、ときどき蒸気をふかして姿を隠せ、とまで指示されています。もし、このなり振り構わない作戦が上手く行っても、とても世界に誇れる作戦とはいえないですね。

半藤　当時としては、画期的な作戦だったと思いますよ。五月二十七日の第一艦隊の航跡図を見ると、バルチック艦隊にすぐ向かわないで、かなり遠回りをして走っています。午前十時すぎ、東郷さんは奇襲隊を解きますが、指揮官の八代六郎大佐はやりたくてしようがないから、なかなか戦場を去らないんですよ（笑）。

秦　八代が指揮する「浅間」は、そのあと戦闘に参加したでしょう？

半藤　でも、夜まで出番のない駆逐艦や水雷艇隊もいますから。

戸髙　キャラクターを考えても、八代さんは、「最初はおれに行かせろ」というタイプでしょう。それだけに海戦後、小笠原長生《ながなり》（大本営参謀）に宛てた手紙に、「自分が真っ先に飛び出していって、敵の一、二艦は撃沈する覚悟だったのに、残念だった」と書いています。

原　八代は水雷の第一人者で、若い頃から経験を積んできていますからね。

半藤　もうひとり、元気がいいのは鈴木貫太郎ですよ。

松本　鈴木も〝夜の部〟で大活躍します。

半藤　第二艦隊第四駆逐隊の指揮官として「朝霧」に乗っていましたが、昼の戦闘の前、何を勘違いしたのか、いきなりバルチック艦隊の目の前を突っ切るんです。

秦　ああ、それでバルチック艦隊の隊形が、ガタガタになったんですね。ロジェストウェンスキーがとっさに避けようとして変針、後続艦が〝だんご状態〟になったまま進んできた。

半藤　波にもまれながら、鈴木隊が敵艦隊の前方を南から北へと横切って航行するんですよ。それこそ連繋機雷を投げるような形で（笑）。

戸高　ロシア側には、海面に何かが放り込まれたら浮遊機雷かもしれない、という意識があったはずです。秋山さんが連繋機雷を思いついたきっかけもそうでしたし、旅順で戦死した名将マカロフは、機雷・水雷攻撃の本家本元でした。

半藤　連繋機雷でバルチック艦隊の陣形をかき乱すという、奇襲攻撃の目的のひとつは、結果的には、鈴木隊が果たしたといえるかもしれません。

「丁字戦法伝説」はなぜ生き延びたか

秦　連繋機雷の奇襲については、公刊戦史には触れられていませんね。

戸高　海戦の前も、海戦後も、完全に極秘にされました。公刊戦史には一行も出てきません。

秦　公表しなかったのは、その後も使うつもりだったということですね。

戸髙　その通りです。連繫機雷は〝一号機雷〟という名前で呼ばれ、昭和五年頃までは艦隊で訓練もしていました。すでに航空機が登場し、軍艦も高速化して、敵艦の前を突っ切るなんてことはできなくなったため取りやめましたが、太平洋戦争の直前まで、軽巡洋艦の艦尾には一号機雷を落とすためのレールがついています。兵器としては、太平洋戦争の頃まで〝軍機兵器〟の扱いのままでした。

半藤　連繫機雷は、戦略的には、のちの特殊潜航艇「甲標的《こうひょうてき》」につながるんですよ。真珠湾攻撃に投入された二人乗りの豆潜水艦で、航空魚雷を抱えて敵の前面にばら撒く。つまり、漸減邀撃《ぜんげんようげき》作戦の第一弾攻撃兵器なんです。

戸髙　特殊潜航艇は有人機雷みたいなものですよね。日本海海戦から太平洋戦争まで、連繫機雷は最高レベルの軍事機密、〝軍機兵器〟扱いでした。だから、関係者から存在が漏れることはなかった。

ただ、大正十四年に、海軍少佐の川田功が出した、『砲弾を潜《くぐ》りて』という自伝的小説の中に、日本海海戦のシーンが出てきます。奇襲隊列を解くという命令が旗艦から出ると、部下の水兵が「艇長、これでは奇襲作戦ができません」と言う。そして、「日本海海戦には絶対に発表できない驚天動地の秘密作戦があった」というんです。

原　そういう形で漏れてはいたんですね。

戸髙　川田は「いまでもこの作戦には効果があるから、それがなくなるまで公表することはできない」とまで書いている。書いちゃ駄目ですよ（笑）。

半藤　そこまで機密兵器にしておきながら、写真は残っていますから、今になるとその存在は確認できます。まあ、いずれにしろ日本海軍は、当時にあっては連繫機雷を徹底して隠すために、丁字戦法をやたらと持ち上げたわけです。

松本　日本海海戦は丁字戦法で勝ったと言われてきました。私など、長い間そう信じていました。

戸髙　最初にそう書いたり、喋ったりしたのは、大本営のスポークスマンだった小笠原長生です。彼は軍令部の参謀を務め、戦後は東郷さんの私設秘書のような役をしていた。文章がうまかったので、東郷さんの伝記である『東郷元帥詳伝』（大正十年）を始め、東郷さんに関するさまざまな書物を著しています。

それと同時に小笠原は、軍令部で海戦史をつくる仕事にも携わっていた。つまり、何も知らない人間が「丁字戦法で勝った」と簡単に書いたのではなくて、中枢の人物だったからこそ、そう喧伝する必要があったと考えたのでしょう。

半藤　黄海海戦については、丁字戦法で戦ったと公刊戦史にも明記されていますが、日本海海戦は、公刊戦史にも、極秘戦史にも、丁字戦法を行ったとは、はっきりとは書いていない。このあたりの機微を小笠原は心得ていたはずですよ。心得つつも盛んに宣伝した。

原　連繋機雷を世間から隠蔽し、丁字戦法を宣伝するのが彼の仕事だった、というわけですね。

秦　それに、わかりやすいストーリーを提示するほうが、国民に受け容れられやすかったこともあるでしょう。

戸髙　日本海海戦の直後から、〝連合艦隊参謀某氏談〟という匿名の形で、「丁字戦法で勝った」話が、大本営を介して、新聞紙上にも公表されます（明治三十八年六月三十日・七月一日付「東京朝日新聞」）。ご丁寧に図までつけてあって、口調から秋山かと推察されるのですが、戦争も終わらないうちから、手の内をさらす参謀なんていませんよ。だいたい本当に有効な作戦を公表するはずがない。既に不要となった作戦だから公表されたのだと思うべきですよ。

半藤　あれは、完全にカモフラージュですよ。敵もだまし、味方もだます。

戸髙　航跡図を見ても、本格的な丁字と呼べる陣形にはなっていませんからね。

上村艦隊の大殊勲

半藤　はからずも丁字戦法を試みた格好になったのは、午後三時頃、火災を起こしている「スワロフ」の舵機がおかしくなって、北へ曲がるでしょう。それについて行くようにロシア側の戦艦部隊が北に軸を向ける。東郷さんたちの第一戦隊は、黄海海戦のときのように、ロシア艦隊が後ろをすり抜けてウラジオに逃走するつもりだと思って、慌てて一斉回頭を始めた。

ところが、その後方に続く上村彦之丞中将率いる第二戦隊は、「これは様子がおかしい、たぶん故障だろう」とそのまま直進を続け、敵の頭を押さえにかかった。命令通りなら、第一戦隊に続行しなければならなかったのに。

松本　厳密にいえば命令違反でしょうが、冷静かつ的確な判断で敵艦隊を逃がさずに済んだ。大殊勲ですよ。

半藤　立派な規律違反の大功績です（笑）。

戸髙　それてしまった第一戦隊の六隻は、戻ってくるまでに三十分以上、戦闘時間をロスしています。

半藤　このときの第二戦隊の動きが、きれいな丁字を描いてるんですよ。

秦　あれは上村と、参謀の佐藤鉄太郎の判断でしょう。

松本　佐藤鉄太郎は当時、いや、大正時代まで、秋山と並ぶぐらい評判がよかった。

半藤　上村の第二戦隊は装甲巡洋艦六隻ですが、相手は戦艦部隊ですからね。自分より大きな相手に挑んで、敵の砲弾がボッカン、ボッカンと六隻のすべてにあたっていますよ。

原　それでも沈まないのは運でしょうか、当たりどころの問題でしょうか（笑）。

秦　それを言うなら、艦橋の吹きさらしに立っていた東郷が無傷なんです。司令塔に入るよう、みなが勧めても、「今日はこの位置をはなれない」と聞き入れない。結局、参謀長の加藤と秋山以外を司令塔に入れて、東郷本人は戦闘が終わるまでの五時間、露天の最上艦橋から動かなかった。

松本　敵前大回頭では、「三笠」に四十発ぐらい敵の弾が当っています。マストだって折れているし、艦内にはかなり被害が出ています。

秦　確かに東郷さんの胸先三寸に、砲弾の破片が飛んできて、ひやりとする場面はあるんですが、まわりがバタバタやられても、不思議と東郷には当たらない（笑）。

半藤　加藤も無事でした。そういえば、秋山もそばで戦況をノートに書きとめながら、そら豆の煎ったのを食っていたが、無事だった、なんて話もありますな（笑）。

原　兄貴は酒で、弟はそら豆ですか（笑）。

松本　でも、東郷さんが運がいいと思うのは、判断ミスで戦闘シーンを離れていても、戻ってくる途中で、敵の主力艦隊とばったりゆきあうんです。

原　相手は上村艦隊をまいて、北へ逃げのびようとしていました。

松本　そこで集中砲火を加えて、「ウラール」などを撃沈。さらに日没近くに、「アレクサンドル三世」と「ボロジノ」の戦艦二隻を沈めて、この日は戦闘終了となります。

戸髙　午後七時半ごろ、一日目の戦いを終え、東郷さんがびしょぬれの艦橋を降りると、靴の形に乾いていたと。それぐらいピクリとも動いていない（笑）。

半藤　それは、伝説ですよ（笑）。

日没後の猛攻

半藤　昼間の海戦で、ロジェストウェンスキー直率の新鋭戦艦五隻のうち、「アリョール」以外の四隻を沈めましたが、まだ、かなりの艦が残っていました。日没後は、駆逐艦や水雷艇隊の出番です。奇襲攻撃が中止になり、昼間、味方の艦がバルチック艦隊と壮絶にやりあうのを離れた場所から見ているだけだった駆逐艦や水雷艇が、その分だけ、激しい夜間攻撃をかけます。

松本　駆逐艦、水雷艇隊あわせて約五十隻が、飛び込んでいきました。真夜中まで戦って、戦艦「ナワリン」を撃沈、さらに戦艦「シソイ・ウェリキー」と、「ナヒモフ」「ウラジミール・モノマフ」の巡洋艦二隻を大破させています。

半藤　戦艦二隻を沈めたんですよ。夜襲は本当に大成功でした。

戸髙　連繋機雷らしい戦果も一隻ありました。ロシア側の資料に、左右両舷に同時に魚雷か機雷が命中して沈んだ記録が残っていますが、両側に同時にぶつかるのは魚雷じゃない、連繋機雷です。

原　ロープで繋がっているから、敵艦が真ん中を突っ切ると、機雷が引きよせられてドーンといくんですね。けれども、魚雷の場合は、敵艦に数百メートルまで近づいていかなければ当らない。ロシア側に至近距離から撃たれるなかで、日本の駆逐隊、水雷艇隊の肉迫攻撃はすごいですよ。

半藤　鈴木貫太郎の第四駆逐隊は、「ナワリン」を沈めるのに、三百〜六百メートルまっ込んで、味方同士で衝突して沈んだんです。日本海海戦での日本側の損害は、わずか水雷艇三隻だったといわれますが、あれはものすごい勢いで突っ込んで、味方同士で衝突して沈んだんです。

戸髙　「漣《さざなみ》」の艦長で、第十五艇隊を率いた近藤常松少佐も、「敵艦にぶつけるぐらい近づいていって、刺し違える覚悟でやらなければ当たらない」と語っていますが、この種の突撃精神はその後、失われました。

半藤　太平洋戦争のときは、射程四万メートルの九三式魚雷ができたおかげで、「なんでこんなに離れたところから？」と思うほど、遠くからしか魚雷を撃っていない。

秦　一日目の夜襲がなかったら、損傷を受けながらも、ウラジオストクに逃げこむ敵艦も出たでしょうね。

戸髙　「七段構え」の最後は、機雷を敷設したウラジオストク港口に、残存艦を追い込んで全滅させるつもりでしたから。

原　敵も初日にあそこまでやられると、もう士気はあがらない。

秦　〝鬼貫太郎〟こと、鈴木貫太郎の功績は大きいですなあ。

松本　日清、日露ともに大活躍でした。

秦　最後は首相になった昭和二十年ですよ。
戸高　まったくですね。鈴木貫太郎は、日清、日露戦争、そして太平洋戦争終戦時と、国難を三度救いました。

ネボガトフ艦長の降伏

半藤　あくる二十八日には、連合艦隊の第一、第二戦隊は鬱陵島《うつりょうとう》の南で待ち伏せしていました。一方、バルチック艦隊はといいますと、重傷を負ったロジェストウェンスキーから、第三艦隊司令官のネボガトフ少将に指揮権が移って、「ニコライ一世」を旗艦に、五隻がウラジオストクを目指していました。
松本　午前五時頃、敵艦発見の報が入り、午前十時半、連合艦隊は二十七隻の総がかりで、敵の敗走艦隊を包囲して砲撃を開始する。ところが、退路を断たれたバルチック艦隊は、すぐに旗をかかげて降伏の意を表します。
秦　それを見た秋山が「敵は降伏しました。わが艦隊の砲撃をやめましょうか」と言うのに、東郷はひと言も答えない。秋山がなおも「長官、武士の情《なさけ》であります。発砲をやめてください」と色をなして言うのに対して、東郷は「本当に降伏すッとなら、艦を停止せにゃならん。げんに敵はまだ前進しちょるじゃないか」と冷静に、鹿児島なまりで答えます。

半藤　砲術長の安保さんに言わせると、大敵たりとも恐れず、小敵たりとも侮らず、東郷さんは最後まで、細心深慮の見事な対応であったと。一方、智謀湧くが如し、といわれた秋山参謀が、殺気みなぎる合戦場で見せた、血あり涙ある大和武士の優しい一面も捨てがたい、実に両雄の面目躍如であった、と続くわけですよ（笑）。

松本　そういう安保さんも、降伏手続きのため、ネボガトフと幕僚たちが悄然として「三笠」の綱梯子を上がってくる姿に涙があふれ、「戦争は勝つか死ぬかの二つしかないのだ」と、胸にせまったと言っています。

戸髙　ネボガトフはこれ以上、無益な犠牲を出すべきではないと、戦わずして降伏したわけですが、世界でも珍しい例だと思いますね。

秦　帰国後、軍事裁判にかけられた際も、その点を責められました。乗員たちを置き去りにして自分だけ逃げたロジェストウェンスキーはお咎めなしで、ネボガトフは銃殺刑を言い渡されている。

戸髙　そのあと、要塞禁固十年に減刑され、二年後に釈放されています。

松本　ロジェストウェンスキーも、偶然見つかるんですよね。最初の駆逐艦から、さらに別の駆逐艦「ベドーウィ」に移されていましたが、「漣」が鬱陵島付近を単独行動中、白旗をかかげている敵艦を発見した。「白旗」は、大きな白いテーブル掛けだったそうです。

「ベドーウィ」はそのまま佐世保に曳航され、ロジェストウェンスキーは海軍病院に収容されました。

半藤　まさか、敵の大将が小さな駆逐艦に隠れていようとは思ってもみない。こうした小さな僥倖が、日本海海戦にはたくさんありました。

戸高　二日間の戦闘で、ロシア艦隊三十八隻のうち、戦艦六隻とほかに十九隻を撃沈し、戦艦二隻を含む七隻を捕獲。かろうじてウラジオストクにたどり着いたのは、巡洋艦一隻、駆逐艦二隻、運送船一隻のみでした。対して、日本側の沈没は夜襲時の水雷艇三隻のみです。

半藤　戦死者は、ロシア側が四千八百人、日本側は百十七人。これに加えて、ロシア人捕虜が六千百人。

原　そして、敵の司令長官を二人捕虜にした。

半藤　世界の海戦史において、これ以上の完全勝利はまずないでしょう。字義通り空前絶後ですね。

戸高　開戦前、山本権兵衛が東郷を連合艦隊司令長官に抜擢した際、二人で宮中に参内した。そこで明治天皇が「必ず勝てるか」とたずねると、即座に東郷は「きっと勝ちます」と答え、明治天皇は「ならばやれ」と言ったといいます。この話は、当時大本営の人事担当だった千秋恭二郎少佐が私家版で出した『日露戦役小話』（昭和二年）の付録に残っています。

しかし、権兵衛は「東郷は運のいい男ですから」と天皇に言いますが、いったい東郷さんのどこが、運がいいのか、それまでの経歴をみてもよくわからなかったけれど（笑）。

松本　日露戦争の直前は、舞鶴鎮守府の長官をしていて、予備役入りを待つばかりでしたからね。

秦　留守近衛師団長だった乃木さんに近い境遇ですよ。東郷さんの方は、結果を見ても、いい人事だったと思いますが。

半藤　穏やかないい顔をしているし、体も小さいしね。いかつくない。

戸高　気の荒い前任者の日高壮之丞より、権兵衛が扱いやすいと思ったからとか、いろいろ言われていますが、終わってみれば、自分で「きっと勝ちます」と即答した返事の通りになった。これが、東郷さんの一番の運のよさだったと思います。

戦争を記録することの難しさ

秦　初の近代型戦争といわれた日露戦争ですが、振り返ってみると、完勝イメージで終わったがために陸軍・海軍とも、次に生かされるべき戦訓が見失われた部分もありました。特に陸戦では、二十八センチ砲などで火力の重要性を学んだはずなのに、なぜ陸軍は白兵主義に傾斜するようになったのか。

半藤　〝白兵の乃木〟を顕彰するためですよ。たとえば、乃木さんの第三軍隷下の白襷隊は、『坂の上の雲』に書かれているように、結果的に大損害を出して失敗した。ところが戦後、白襷隊は乃木神話の一部として、敵の要塞に対して、兵士たちの精神力が白兵戦を挑んで勝利への道を拓いた、という物語に仕立てあげられてしまった。

戸髙　旅順戦を描いた桜井忠温《ただよし》のベストセラーの標題が、『肉弾』ですしね（笑）。

半藤　その功績で、乃木さんは二階級特進で伯爵になる。これでは、白兵主義をつぶせないですよ。

秦　あの評判の悪い伊地知幸介もこの時に同期でただ一人、男爵になった。さすがに大将にはしなかったけれども、この顕彰の仕方は、乃木とのあいだにあまり差があってはいかんということですかね。

半藤　乃木さんが二階級特進なのに、参謀長が何ももらわないとなると、バランスが崩れるからでしょう。

戸髙　ほかの参謀たちの士気にもかかわる。

半藤　明治四十年九月に、高級軍人はあらかた華族になりました。あれが一番よくなかった。陸軍六十五人、海軍三十五人、文官三十一人の合計百三十一人が、日露戦争がらみで爵位をもらいましたが、大盤振る舞いもいいところです。

戸髙　明治の人たちの爵位への執着はすごいですからね。

松本　日清戦争のときにはまだ、軍部が男爵に推挙してきた大佐を明治天皇が、勲一等ならともかく、軍人へ安易に爵位を与えてはいかん、とはっきり拒否した例もあったんです。そのことは『明治天皇紀』に書かれています。

半藤　このあたりが軍部の慢心の始まりだと思いますよ。

原　陸軍でも、当事者の談話を集めて、海軍の極秘戦史のような『秘密日露戦史』を作ろうとしたんですが、三巻ぐらいで止まってしまった。福島県立図書館の佐藤文庫が所蔵している「日露戦史編纂綱領」という分厚い資料をみると、細かい注意書きがあって、この戦史を編纂する主目的は顕彰にある、だから、弾丸がなかったとか、追撃が遅れたということは一切書くな、とはっきり書いてある。

やはり真実を書くとなると、あちこちに差し障りが出てくるから、秘密戦史も途中でやめたんでしょう。高級軍人を華族にしたのも、日露戦争の戦史から真実を隠すことにつながったと思います。

戸髙　日本海海戦は海外の軍事専門家にとっても研究の対象になりました。上村艦隊が咄嗟の判断でバルチック艦隊の頭を押さえに入った動きなどは、高く評価されている。プロの眼のつけどころというべきでしょう。それに対して、日本では、東郷さんの戦術がすごい、東郷さんは神様だ、の一本調子です。

半藤　動かざること山のごとき東郷さんが、堂々とバルチック艦隊を迎え撃ち、丁字戦法をもって日本を見事に勝ちに導いたと、こればっかりですよ。

松本　東郷さんについては小笠原長生がたくさん書いていますが、かなり粉飾があって、いいことしか書いていません（笑）。東郷さんは昭和九年まで長生きしたこともあって、東郷神話が太平洋戦争まで続いていく。

半藤　伝記では、対馬を指差して、「ここに来るでごわす」で終わっていますからね。密封命令のミの字もない。

戸高　東郷さん本人は戦争が終わると、日本海海戦当日のことをほとんど話しませんでした。そこに小笠原のつくりだす〝神話〟の流通する余地があったわけです。

松本　東郷と抱き合わせになったのが乃木です。乃木神話の原作者は山路愛山です。彼はすばらしい歴史家なのに、なぜか乃木を書くと、情感が先に立ってしまうんです。戦争を技術として捉える発想がないからでしょう。そのため精神主義になってしまう。

完璧な勝利の落とし穴

半藤　それにしても日本政府は、勝ちに驕ることなく、あそこでよく戦争をやめたと思いますね。事実は、奉天会戦と日本海海戦のあと、日本に戦争を続ける余力は、ほとんどなかったのですが、それにしてもアッパレでした。陸・海軍ともに奮闘努力の甲斐あって、ぎりぎりの難局を何度もしのいだ結果、辛くも勝ちに結びつけ、何とか講和までこぎつけました。

明治三十八年八月十日、小村寿太郎外相がポーツマス講和会議で交渉のテーブルについたとき、多少条件が悪くても、戦争はやめねばならないという判断が、指導者たちの間には浸透していたんですが、それを国民に正直に伝えるべきなのに、伝えませんでした。それがまことにまずかった。

戸髙　九月五日、講和が成立して日本が得たものは、韓国に対する独占的指導権、旅順・大連の租借権、長春以南の鉄道と附属の利権、ロシア軍の満州撤退、南樺太の割譲、沿海州・カムチャッカの漁業権の六点でした。

松本　国民には「勝った、勝った」と言っていたけれども、実際はかなりきわどかったと、上の立場の人ほど知っている。しかしそこが国民に明らかにされなかったがために、開戦前、近衛篤麿の国民同盟会を中核に強硬論を唱えていた頭山満や河野広中が中心になって、講和締結と同日に、講和反対の国民大会を開き、「日比谷焼き打ち事件」を起こします。賠償金も領土もとらずになぜ講和を結ぶのだと、小村寿太郎と政府を売国奴呼ばわりしたわけです。

半藤　戦勝気分で浮かれるなかにも一分の理がないと、大いなる誤解を招きます。

秦　そういう客観性がなくなって、三十六年後、日本は太平洋戦争に突入する。

原　明治四十二年、陸軍は歩兵の運用について示した「歩兵操典」を改訂します。そこには、白兵戦的な色合いが強く出されています。実は、「将来の日本の戦術の根本主義の五項目」として、この白兵主義を打ち出したのは、当時軍務局長だった長岡外史なんですよ。

戸髙　えっ、それは意外ですね。

秦　「これからは飛行機の時代である」と書いたほうが似合いそうなのに。

原　以降、基本方針として代々引き継がれていきますが、その大本は長岡です。

戸髙　白兵主義推奨は乃木さんじゃなくて、長岡が真犯人だったのか。

半藤　児玉源太郎があの世で言っていますよ。「長岡ァ、馬鹿かァ、お前は」と（笑）。

原　二〇三高地以降、陸軍でも火力が大事であることはわかっていました。しかし、周囲の状況を考えると、弾丸が足りないとは言えなかったんですね。それをカバーするために、精神主義や厳しい訓練を重視する方へいってしまった。

秦　弾丸を十分に補給できる態勢をつくることを戦訓にすべきところを、逆に弾丸がなくても勝てる、と。

松本　天佑神助とか御稜威《みいつ》（天皇の威光）にすがるわけですね。

戸髙　それはタダですから（笑）。軍人にとっては、予算が絡む部分はどうしようもない。海軍も陸軍も最終的には予算が足りないんです。その問題が必ず引っかかるので、お金のかからないほうへと流れてしまう。

秦　特に日露戦争以後の日本では、両翼両輪主義の名で、陸軍と海軍を同じ比重で整備していくのはとても無理で、どちらもケチな軍備しか持てませんでした。

戸髙　海軍は日本海海戦に勝って、捕獲艦がたくさん手に入ったので、一時、水ぶくれ状態になるんです。戦争に勝ったのに、人も軍艦も減らせとは言いにくく、ワシントン会議（一九二二年）で主力艦などの制限が定められて減らすまでは、旧式の戦艦を浮かべて、人員を配置していた。そのために近代化が遅れた面があります。

秦　第一次大戦で勝ったフランスも同じですよ。なまじ勝ったがゆえに、戦争末期につくった大砲や戦車、その他の兵器が残ってしまい、新式に切り替えるのが遅れてしまった。それで第二次大戦では、あとから急成長したヒトラーのドイツに簡単にやられてしまった。

原　勝った戦争ほど、後始末が難しい。

半藤　その点、日露戦争は勝ちすぎた戦争だったんですよ。

明治人の覚悟

半藤　明治三十八年十二月二十一日、連合艦隊解散式の際の「解散の辞」の最後は、何度聴いても胸打つものがあります。

「神明は唯《ただ》平素の鍛錬に力《つと》め戦はずして既に勝てる者に勝利の栄冠を授くると同時に、一勝に満足して治平に安《やすん》ずる者より直《ただち》に之を褫《うば》ふ。古人曰《いは》く勝《かっ》て兜の緒を締めよと」

残念ながらその後、日本軍の兜の緒は解《ほど》けっぱなしでした（笑）。

秦　負けた戦争と違って、勝った戦争は、なぜ勝ったのか理由がよくわからない部分が残ります。特に日本海海戦の海軍がそうでしたが、なぜあれほど大差で勝ってしまったのか、当事者ほどわからなかった。それで戦後は秋山を始め、当事者までもが「天佑神助」だとか「御稜威」という考えに傾いてしまいます。

戸髙　海戦が終わり、連合艦隊司令長官である東郷が、海軍軍令部長の伊東祐亨に提出した戦闘詳報の出だしは、「天佑と神助に由《よ》り」で始まっています。

松本　この戦闘詳報も、連合艦隊解散の辞も、秋山が書いたものでしょうが、「百発百中の一砲、能《よ》く百発一中の敵砲百門に対抗し得る」なんていう一節は、ちょっと言いすぎだと思いますね。東郷は毎年の精神訓話で、この一説を必ず持ち出した。

原　その一節は論理的にも成り立たないですからね。

秦　まあ、あれはレトリックと見るべきでしょう。日露戦争のあと、秋山は宗教・神霊研究にのめりこみ、大本教に入信していますし、秋山のライバルだった佐藤鉄太郎も、日蓮宗の熱心な信者になっている。

戸髙　秋山さんは戦後、軍人をやめて、自分の作戦で戦死した多くの霊を慰めるために坊主になると言い出して、周囲に止められましたが、軍隊という組織は、最後まで合理性を追求するところがないと成り立たない。

秦　当事者はともかく、次の世代になると、また受け止め方がちょっと違ってきます。

松本　いざとなれば、神風が吹くという考え方ですね。それが昭和の「神州不滅」につながってゆく。

原　陸軍大学校でも戦術は教えるが、現場で必要な統率を教えなくなったから、日本の陸軍は間違ったんですよ。

半藤　思うに、明治人の国家観ですよね。大正七年二月に秋山真之は四十九歳の若さで病死しますが、東京芝の青松寺で開かれた追悼会で、好古がこう挨拶しています。

「弟真之には兄として誇るべきものは何もありません。が、しかし、私から申し上げておきたいのは、真之はたとえ秒分の片時でも、『お国のため』という観念を捨てなかった。四六時中、この観念を頭からはなさなかったということです」と。

秦　秋山が志向したのは、〝国民の国家〟だったと思いますね。ほかの明治の人間たちがそうだったように。だからこそ、日露戦争では下の兵隊のすみずみにいたるまで、実力以上のものが出せた。

戸髙　司馬さんも『坂の上の雲』で繰り返し指摘しているように、明治という新しい国家がもつ無邪気さがそれを支えていた。

半藤　江戸時代までの価値観が戊辰戦争で断ち切られ、新しい生きかたを求めなければならなかったのが明治の人たちでした。断絶を体験した人たちが、それを乗り越えていったことにより、明治は豊かな時代になりました。

秦　時代の変わり目にこそ、人間はいろいろな可能性を含みながら、懸命に生きていくと。

半藤　そのはずだったんですが、戦後処理で陸軍も海軍も大きな間違いをしたのは、さっきお話しした通りです。歴史的真実を隠蔽して、美談ばかりがつくりだされた。あまりに見事に勝ってしまったために、神話がどんどん膨らんでいったのです。そして、明治天皇が亡くなり、乃木さんが〝殉死〟した瞬間が、明治国家が頂点に登りつめたとき、といえるのかもしれません。このあとは下降するばかりとなる。夜郎自大となり、リアリズムを忘れた国家がたどる道は、いつでも同じだと思いますよ。

半藤一利（はんどう　かずとし）
1930（昭和5）年東京生まれ。作家。東京大学卒業後、文藝春秋に入社。『週刊文春』『文藝春秋』各編集長、専務取締役を経て文筆業に。主な著書に『漱石先生ぞな、もし』（新田次郎文学賞）、『ノモンハンの夏』（山本七平賞）、『昭和史』戦前篇・戦後篇（毎日出版文化賞）、『幕末史』、『日本のいちばん長い日』、『あの戦争と日本人』、『昭和史裁判』（加藤陽子氏との共著）など。最新刊は『聯合艦隊司令長官 山本五十六』（11月刊）。

秦郁彦（はた　いくひこ）
1932（昭和7）年山口県生まれ。歴史学者。東京大学卒業後、大蔵省入省。ハーバード大学、コロンビア大学留学を経て防衛研修所教官、大蔵省財政史室長、プリンストン大学客員教授、拓殖大学教授、千葉大学教授、日本大学教授を歴任。平成5年度の菊池寛賞受賞。主な著書に『現代史の虚実』、『昭和史の謎を追う』上下、『現代史の対決』、『南京事件――「虐殺」の構造・増補版』、『病気の日本近代史』などがある。

原剛（はら　たけし）
1937（昭和12）年香川県生まれ。軍事史研究家。軍事史学会副会長。防衛大学校卒業後、陸上自衛隊入隊。防衛大学校、陸上自衛隊幹部候補生学校などの教官を務め、防衛研究所戦史部に勤務。テレビドラマ「坂の上の雲」の陸軍軍事考証も行う。著書に『幕末海防史の研究』、『明治期国土防衛史』、『明治・大正・昭和 30の「真実」』（共著）、『秘蔵　日露陸戦写真帖――旅順攻防戦』（監修）などがある。

松本健一（まつもと　けんいち）
1946（昭和21）年群馬県生まれ。作家・評論家。麗澤大学教授。東京大学卒業、法政大学大学院修了。京都精華大学教授、麗澤大学比較文明文化研究センター所長、内閣官房参与を歴任。主な著書に『近代アジア精神史の試み』（アジア・太平洋賞）、『日本の近代1　開国・維新』（吉田茂賞）、『評伝　北一輝』全5巻（司馬遼太郎賞、毎日出版文化賞）、『白旗伝説』、『三島由紀夫の二・二六事件』、『畏るべき昭和天皇』、『海岸線の歴史』などがある。

戸髙一成（とだか　かずしげ）
1948（昭和23）年宮崎県生まれ。呉市海事歴史科学館（大和ミュージアム）館長。多摩美術大学卒業。財団法人史料調査会理事を経て、厚生省所管「昭和館」図書情報部長、呉市企画部参事補を歴任。主な著書に『戦艦大和復元プロジェクト』、『聞き書き・日本海軍史』、『海戦からみた日露戦争』、『海戦からみた日清戦争』、『［証言録］海軍反省会』（編）、『秋山真之戦術論集』（編）などがある。

文春新書

828

徹底検証《てっていけんしょう》 日清《にっしん》・日露戦争《にちろせんそう》

2011年(平成23年)10月20日　第1刷発行

著　者　半藤一利　秦 郁彦
原 剛　松本健一
戸高一成

発行者　飯 窪 成 幸

発行所　株式会社 文 藝 春 秋

〒102-8008　東京都千代田区紀尾井町 3-23
電話 (03) 3265-1211 (代表)

印刷所　理　想　社
付物印刷　大 日 本 印 刷
製本所　大　口　製　本

定価はカバーに表示してあります。
万一、落丁・乱丁の場合は小社製作部宛お送り下さい。
送料小社負担でお取替え致します。

Printed in Japan

ISBN978-4-16-660828-7

◆日本の歴史

日本神話の英雄たち　林 道義
日本神話の女神たち　林 道義
ユングでわかる日本神話　林 道義
古墳とヤマト政権　白石太一郎
一万年の天皇　上田 篤
謎の大王 継体天皇　水谷千秋
謎の豪族 蘇我氏　水谷千秋
謎の渡来人 秦氏　水谷千秋
女帝と譲位の古代史　水谷千秋
孝明天皇と「一会桑」　家近良樹
四代の天皇と女性たち　小田部雄次
対論 昭和天皇　原 武史・保阪正康
昭和天皇の履歴書　文春新書編集部編
昭和天皇と美智子妃 その危機に　加藤恭子 田島恭二監修
皇族と帝国陸海軍　浅見雅男
平成の天皇と皇室　高橋 紘

皇位継承　高橋 紘・所 功
美智子皇后と雅子妃　福田和也
ミッチー・ブーム　石田あゆう
天皇はなぜ万世一系なのか　本郷和人
皇太子と雅子妃の運命　文藝春秋編
戦国武将の遺言状　小澤富夫
江戸の都市計画　童門冬二
江戸のお白州　山本博文
徳川将軍家の結婚　山本博文
江戸城・大奥の秘密　安藤優一郎
幕末下級武士のリストラ戦記　安藤優一郎
旗本夫人が見た江戸のたそがれ　深沢秋男
徳川家が見た幕末維新　徳川宗英
伊勢詣と江戸の旅　金森敦子
甦る海上の道・日本と琉球　谷川健一
合戦の日本地図　武光 誠・合戦研究会
大名の日本地図　中嶋繁雄
名城の日本地図　西ヶ谷恭弘・日井貞夫

県民性の日本地図　武光 誠
宗教の日本地図　武光 誠
高杉晋作　一坂太郎
白虎隊　中村彰彦
新選組紀行　中村彰彦・神長文夫
岩倉使節団という冒険　泉 三郎
福沢諭吉の真実　平山 洋
元老 西園寺公望　伊藤之雄
山県有朋 愚直な権力者の生涯　伊藤之雄
渋沢家三代　佐野眞一
明治のサムライ　太田尚樹
日露戦争 勝利のあとの誤算　黒岩比佐子
鎮魂 吉田満とその時代　粕谷一希
旧制高校物語　秦 郁彦
日本を滅ぼした国防方針　黒野 耐
ハル・ノートを書いた男　須藤眞志
日本のいちばん長い夏　半藤一利編
昭和陸海軍の失敗　半藤一利・秦郁彦・平間洋一・保阪正康・黒野耐・戸高一成・戸部良一・福田和也